你和什么人在一起

NIHE SHENMEREN ZAI YIQI

决定你是什么样的人

JUEDING NISHI SHENME YANGDEREN

李正道◎著

中国致公出版社
China Zhigong Press

有一位名人曾说过这样一句话：“如果要我说一些对青年有益的话，那么，我就要求你时常与比你优秀的人一起行动，就学问而言或就人生而言，这是有益的。”圈子是生产力，也是战斗力。交一个挚友，会成就你一生；交一个损友，会毁了你一生。

图书在版编目(CIP)数据

你和什么人在一起，决定你是什么样的人 / 李正道 著. -- 北京：中国致公出版社，2020

ISBN 978-7-5145-1423-0

Ⅰ. ①你… Ⅱ. ①李… Ⅲ. ①品德教育－中国－青年读物

Ⅳ. ①D432.62

中国版本图书馆 CIP 数据核字(2019)第 147868 号

你和什么人在一起，决定你是什么样的人 / 李正道 著

出　　版	中国致公出版社 （北京市朝阳区八里庄西里 100 号住邦 2000 大厦 1 号楼西区 21 层）
发　　行	中国致公出版社(010-66121708)
责任编辑	王福振
印　　制	三河市天润建兴印务有限公司
版　　次	2020 年 4 月第 1 版
印　　次	2020 年 4 月第 1 次印刷
开　　本	880mm × 1230 毫米　　1/32
印　　张	6.75
字　　数	170 千字
书　　号	ISBN 978-7-5145-1423-0
定　　价	48.00 元

序

有一位名人曾说过这样一句话：“如果要求我说一些对青年有益的话，那么，我就要求你时常与比你优秀的人一起行动，就学问而言或就人生而言，这是有益的。”

许多优秀的人身上都有值得学习的地方，当你与这样的人接触久了，你就会发现自己在不知不觉中也具备了许多优秀的素质。只有跟比自己更优秀的人在一起，才能让自己变得更强大、更优秀，这不是庸俗，而是你努力向上的力量。

的确，在现实世界中，你交什么样的朋友，经常和什么样的人来往，你就会有什么样的成长轨迹，就会有什么样的人生高度。这就和欣赏不同的风景一样，它体现了你的审美风格、思想深度和价值取向。不论是古朴的乡村旷野，还是磅礴的山川瀑布，抑或秀美的涓涓小溪，不同的景色，对人情操的陶冶作用也有着天壤之别。

人是唯一能接受暗示的动物。积极的暗示，会对人的情绪和生理状态产生良好的影响，激发人的内在潜能，发挥人的超常水平，使人进取，催人奋进。和勤奋的人在一起，你不会懒惰；和积极的人在一起，你不会消沉；与智者同行，你会不同凡响；与高人为伍，你能登上巅峰。雄鹰在鸡窝里长大，就会失去飞翔的本领，怎能搏击长空、翱翔蓝天？野狼在羊群里成长，就会“爱上羊”而丧失狼性，怎能叱咤风云、驰骋大地？

如果你想聪明，那你就要和聪明的人在一起，你才会更加睿智；如果你想优秀，那你就要和优秀的人在一起，你才会出类拔萃。生活中最不幸的是：由于你身边缺乏积极进取的人，缺少有远见卓识的人，你的人生变得平平庸庸、黯然失色。要想改变自己的处境，让自己的人生来个华丽的反转，你不必刻意去改变环境，也不必去改变朋友的性格，只需要先改变自己的交往对象，远离那些充满负能量、消极的人，否则，他们会在不知不觉中偷走你的梦想，使你渐渐颓废，变得和他们一样平庸。

《你和什么人在一起，决定你是什么样的人》从多个维度分析并阐述了：什么是良师益友；你为什么建立不起有价值的人脉；如何在高端的人群中，不被边缘化；个人格局与搭建人脉的关系；与小人物和大人物共事的心态与技巧；对竞争对手的再认识及共存之道；名利面前的取舍；深挖人脉“潜力股”的实用技巧等。全书没有深奥的理论，没有专家式的说教，通俗易懂，深入浅出，在帮你搭建新的人脉观的同时，也会教你在现实生活中该与谁共事、交朋友，怎么与优秀的人为伍。

目 录

第一章

你是谁并不重要，重要的是和谁在一起

——交往者的层次决定你的高度

第二章

你自己不努力，没人想帮助你

——请给人一个结识你的理由

第三章

要想成为狼，就先加入狼圈

——寻找强者的圈子

第四章

格局要大

——想大格局的问题，做大格局的事

第五章

尊重任何人

——放低姿态，才能突破人际瓶颈

第六章

结交朋友，三分凭技巧七分靠人和

——欲得贵人心，先要有颗贵人的心

第七章

用好“舍得”之道，走到哪儿都有“自己人”

——“小器”之人交不到“大器”朋友

第八章

和强大的人交手，和更强大的人交友

——强者的人生，就是不断给自己找对手

第九章

友谊投资，易走长线

——人脉不是一天堆起来的

第十章

放弃负能量的社交

——人脉杂草该除就除

第一章
你是谁并不重要，重要的是和谁在一起
——交往者的层次决定你的高度

跟着苍蝇找厕所，跟着蜜蜂找花朵。在现实世界中，你经常和什么人来往、共事非常重要，它既会影响你的生存空间，也会左右你的成长轨迹，甚至能决定你的人生成败与高度：与智者同行，你会不同凡响；与高人为伍，你能登上巅峰！

与创富的人交往，会拓宽你的眼界

在影响一个人创富的所有因素中，最重要的一个就是眼界。缺少眼界，处处都是局限。不管经济环境好不好，自己努不努力，都会有人抱怨赚钱难。其实并不是没钱可赚，而是你不在赚钱的圈子内。成不了富人，并不是你不能变富，而是你缺少富人的眼界与思维。

在许多事情上，你所表现出来的某种眼界，其实也反映你的生存环境状况，同时，它也左右了你工作或事业的方向。曾经听过一个笑话：一个乞丐救了一位皇帝，皇帝赏赐时问他想要什么。乞丐说："求皇上把我现在讨饭的旁边的另外两条街也划归我吧，以前去那里讨饭经常被赶出来！"这就是乞丐的眼界！这就决定了他一辈子只能混迹于乞丐世界。

iPhone4 刚上市时，有个朋友就成了它的忠实粉丝，为了抢到一部，曾排了半天队。平时，他有事没事爱玩弄手机，所以经常听到有人说："真能装！不就买个苹果手机，干吗总要放在显眼的地方？"他总是淡然一笑，因为那些人很少知道他在开 30 万元的车、做 100 万元的生意，而那些人眼里只有 iPhone4。

这个世界不是有钱人的世界，也不是有权人的世界，而是有心人的世界。你的眼光在哪里，你的世界就在哪里！一个人要想成为富人，很多时候必须和自己这个阶段说拜拜。这绝不是被背叛，而是一种自我突破和改变。

现实中，有些人喜欢丑化富人，排斥与富人交往，久而久之，心态成了穷人的心态，思维成了穷人的思维，做出来的事就是穷人的模式。同样，如果一个穷人生活在富人堆里，他耳濡目染了富人的思维方式和处事方式，也可能慢慢地脱离贫穷。

因为富人们所在的圈子里，大部分人具有高超的生存智慧和获取财富的本领。他们在一起交流生意，探索致富之道，相互激励，相互帮助，共同分享信息、资源，互通有无，取长补短。可以说，生活在这个圈子里的人，想不富都难。这样的创富故事太多太多。

当你缺少足够宽的眼界，也许你会天真地相信：许多人都是一不留神就成了百万、千万富翁，或者历经九九八十一难，很励志地改写了人生。其实，这种想法很单纯。一个眼界窄的人，生活中缺少富朋友提携的人，想跳出穷人圈并不容易。这就是富人朋友对一个人的影响力。

正如犹太经典《塔木德》中有一句话说：和狼生活在一起，你只能学会嚎叫；和那些优秀的人接触，你就会受到良好的影响，耳濡目染、潜移默化，成为一名优秀的人。

人脉点拨：跟着富人挣百万，跟着乞丐学要饭。想成为富人，就要先往富人堆里站。当一个人站在一个更高的平台、更高的起点上，就会有更开阔的眼光、更高的目标、更宽广的胸怀，以及更大的进步空间。

与勤快的人交往，你会变得上进

勤快是一种态度、一种修养、一种品质。在一个团队中，一个勤快的人会散发出积极向上的能量，让身边的人耳濡目染，进而带动团队的氛围。这就是为什么有些自律能力不强却保持上进心的人，喜欢与勤快的同事或朋友共事的原因，因为勤快的人可以影响自己的状态。

父母经常对自己刚刚参加工作的孩子说：上班勤快点，长点眼力。

我们的父母经常对要去丈母娘家的孩子说：在丈母娘家勤快点。

这都是老人的忠告，也是老一辈人的经验所得，这样要求孩子也是符合人的心理要求的。当然，勤快在某种程度上也能帮助你保持工作状态与竞争力。

有这样一则小故事。两匹马各拉一辆货车。一匹马走得快，一匹马慢吞吞。于是主人把后面的货全搬到前面。后面的马窃喜："越努力越遭折磨！"谁知主人后来想：既然一匹马就能拉车，干吗养两匹？最后懒马就被宰掉了。这就是经济学中的懒马效应。

这也可以被看作是一则职场定律：你在一个团队中可有可无，那你离被踢开的日子就不远了。

所以，做事要勤快，交朋友也要多交勤快的人，找合作平台或团队，也要找积极向上的团队。勤能补拙，尤其是刚进入职场的社会新人，不管你现在处于什么工作状态，都要多与勤快的人在一起。

有位同学很优秀，毕业后选择工作时犯了难：一个职位是某钢厂的文职，一个是新创业的科技公司。开始他本来想到那家科技公司，但是老妈就是不同意，说："私人单位没有保障，父母辛辛苦苦供你读书容易嘛！你这是要成心想气死老娘！"考虑到老妈身体状况不太好，最后他去了钢厂。

钢厂效益不好，半死不活，大家都没心气儿做事。在他进入钢厂的第十个年头，为了去产能，厂子要撤了，员工不得不自谋职业。于是他联系外地的同学，希望大家帮他介绍工作。有人告诉他，在私企混，老板哪相信关系，有能力干，没能力走人。你自己会啥，就找哪方面的工作。他说，我这 10 年啥也没学，整天就混日子了，没有一技之长。

后来，他到餐厅找了份洗碗的工作。干了半年，回去开了家小餐馆。现在聊起那段往事，他还是感慨颇深：真是狗懒没屎吃，人懒没饭吃。

中国有句古语："民不敬我能，敬我勤；吏不畏我严，畏我廉。"想想这句话在理。说起能力和勤奋来，孰重孰轻？一般人都会瞪大了眼睛首选"能力"，在当下这个谁有本事谁吃香的社会里，这也无可非议。但是何为能？谁比谁更能？今天你有本事不代表明天你还有本事，在这个公司你有这个本事，到了另外一个公司你未必坐得上这个职位。

能力有大有小，有高有低，放之四海未必都认同，但勤快是放之四海而都受人欢迎的。"业精于勤而荒于嬉。"这就说明了勤快还是通往本事的途径之一。不勤快点，本事何来？还是古人高明，说明白了勤快决定本事这个最朴素的道理。

总之，你不要为你没有本事而伤怀，也不要为你不聪明而埋怨你的生身父母，更不要为你没有“路子”而烦恼，只要你勤快点，多交一些勤快的朋友，“路子”自然会有的。

人脉点拨：做人勤快，到哪儿都会散发正能量，都会受人欢迎。结交勤快的人，会让自己从消沉中苏醒，前进的动力更足，而且路会越走越宽。

与懒散的人交往，你会变得迂腐

有一定职场经验的人都清楚，企业在招聘的时候，人力资源经理经常会询问求职者之前的工作情况。其实，他也是在间接地了解你之前处于一种什么样的工作状态。如果你能力很强，3 年却换了 10 份工作，那就会给人力资源经理丰富的想象空间。至少，他不会认为你工作过的 10 家单位都是有问题的，而会怀疑你的工作态度。

很多人不是因为能力问题频频更换工作，而是因为状态。在工作上始终达不到状态的人，生活中表现出来的一大特征就是懒散。

懒散是很奇怪的东西，它使你以为那是安逸，是休息，是福气，但实际上它所给你的是无聊，是倦怠，是消沉。它剥夺了你对前途的希望，割断了你和别人之间的友情，使你心胸日渐狭窄，对人生也越来越怀疑。

生活中，有些人把有资本“懒散”当福气、当本事，请与这种人保持距离。因为有这种思想的人会给你带来负能量。具体来说，原因有三。

一是此类懒人缺少交流意识。

人懒了，也就鲜于与别人打交道，喜欢独来独往，喜欢无拘无束的生活。本来打算做的事，总是会迟疑，犹豫不决，左思右想拿不定主意。总是给自己的逃避或者错误找这样那样的借口，总是自我安慰。

他们做事情总是半途而废，不能坚持到底。制订了计划却不积极实施，总喜欢一拖再拖，最后往往不了了之。他们对什么都漠不关心，认为所有事都与自己无关。不愿意积极思考，或主动处理问题，总喜欢走一步算一步，或者跟着别人走。

久而久之，他会把自己的圈子缩得越来越小，当世界就剩下自己的时候，就成了墙角的花，只会孤芳自赏，甚至害怕和别人在一起，害怕在众人面前说话。

二是懒人往往不思进取，故步自封。

世上没有所谓的“一劳永逸”，但是懒散成性的人，相信懒有懒的道理，为什么一定要去拼？

经常听人说“你要是进了×××这种单位，就一辈子不用愁了”，“你要是能嫁给像×××这样的人，可就一辈子享福了”。

与这样的人交往，你看到的往往是一种满足、一种优越感、一种不思进取。他认为不费吹灰之力就能得到眼前的幸福。思想与观念都不在一个频道，你怎么和他产生共鸣？

三是懒人喜欢算计。

大家都听过和尚挑水的故事。为什么三个和尚会没水吃？原因很简单，就是“算计”在作怪。当有一个和尚时，他不去挑谁挑？有两个和尚时，大家地位平等，一起挑于情于理都说得过去。当有三个和尚时，局面就不同了：有人想跳出来当总指挥，美其名曰

“管理”，有了管理，就要有监督，剩下的那个人自然也不愿去挑水了。

不管是在一个团队，还是朋友圈中，这种事都很常见。不想多付出，又不想吃亏，就只能找捷径、动歪脑筋，其劣根性就在于懒。如果身边都是些光说不练、利益面前吃独食的人，那你付出的越多，越难得到正面的回报，越会成为吃力不讨好的傻瓜。

人脉点拨：许多时候，我们并不怕对方懒，自己多付出一些没什么，而是怕其懒的背后，往往是心计、是套路。与这样的人交往，就要保持一定的距离。

与善良的人交往，你会变得厚道

交往，是一个人一生的功课。别指望在这门课程中修得一帆风顺，能少栽几个跟头就是万幸。当然了，栽过跟头，要坚强地爬起来。然后，拍拍身上的尘土，告诉自己：人生仅坚守住自己远远不够，还需要看清楚别人。

看清楚别人，实质上就是要看明白人性的善与恶。看清了，未必会躲过伤害，但可以从此活得从容。

中国数千年传统文化历来追求一个“善”字：为人处世，强调心存善良之意；与人交往，讲究与人为善；对己要求，主张独善其身。这是为人处世的根本，也是人生的准则。

在选择与什么样的人在一起时，首先一定是善良的人。法国作家雨果说得好：“善良是历史中稀有的珍珠，善良的人几乎优于伟大的人。”美国作家马克·吐温称善良是一种世界通用的语言，它可以使盲人“看到”，使聋子“听到”。

与善良的人交往，自己先要学会善良。做人应要告诫自己，无论命运怎么安排，无论前路如何坎坷，无论别人怎么对待自己，我们都要始终保持一颗平和善良的心，不怨天，不怨地，不消沉，不放弃；关怀、鼓励、安慰、激励，将使我们的人生更美丽！

心地善良不仅仅是一个人的个性，不仅仅是一个人的素养，更应该是一个人延续生命的力量。它会让我们的心情更轻松，让我们的生活更和谐，让我们每时每刻享受到做人的乐趣……

为什么？

其一，善良的人懂得理解别人。

一个心地善良的人，不仅会善待自己，也会原谅别人的错误，不会为了个人利益一直抓住别人的缺点不放。有的人常因一点小事争得面红耳赤，自己做错事，不着重检讨自己，而是一个劲儿地找别人的不是，缺乏的就是一种理解和宽容；为了争名夺利，有的人竟然采取不正当的手段以求步步高升；还有的人永远用嫉妒的眼光看待他人，当看到别人出人头地时，就会想尽一切办法用卑鄙的手段来栽赃和陷害。

相反，一些品德高尚、善解人意的人，对待类似之事所采取的方式则是宽宏大量，永远以一颗包容、理解、友好的心去善待身边的每一个人，始终与人用心交往，坦诚相待。

其二，善良的人以德报怨。

一个心地善良的人，对他人的爱心往往多于怨恨，且乐观、豁达，忍让而不悲伤、消沉、焦躁。对朋友的不足之处，他们以爱心劝慰，晓之以理，动之以情，使听者动心、感佩、遵从。所以，他们很少会与人存在感情上的隔阂、行动上的对立、心理上的怨恨。

心地善良的人在日常生活中，经常是“你敬我一尺，我让你一丈”，“得饶人处且饶人”，“大人不计小人过”。

其三，善良的人豁达大度。

心地善良的人总是认为豁达大度、胸怀宽阔是一个人有修养的表现。豁达是一种境界。心胸开阔，宽容大度；淡泊名利，正视人生；乐观旷达，积极进取；思想通达，顾全大局；坦然面对得失。

有句古话说得好：“心旷，则万钟如瓦缶；心隘，则一发似车轮。”意思是说，一个心胸豁达的人，即使是丰厚的俸禄也会看成像瓦罐那样没有价值；一个心胸狭隘的人，即使是如发丝一般细小的利益也会被看成像车轮那么大。豁达坦荡，那心灵就像一汪碧泉清澈见底，容不得半点污秽和虚伪，是黑就决不会说白，是鹿决不会说成马。

生活中，善良的人无处不在，要学会用心去感受，那么就能体会到不同的善良。心存善意，我们就一定能收获到活着的意义；摒弃善意，我们的生命将会暗淡无光，注定是人世匆匆走一遭，留不下一丝美好。所以，生活需要善良，朋友需要善良，做人更需要善良！

人脉点拨：人在交往上，首先需要的是安全感，然后才是成就感和愉悦感。选择与一个善良的人交往，不是图他可以好在什么地方，而是知道他不会坏在什么地方。

与懂人情的人交往，你会变得圆融

一个不懂人情世故、不懂人际交往技巧、不懂得如何和身边的人相处的人，走哪儿也不会吃香。世故，不是狡猾而是想方设法把事情办好，又让各方都觉得很舒服的“圆融”。多与世故的人交往，看他们说话办事的套路，学他们待人接物的方法。因为世故的人不见得都是你想象中的坏人，正确地与他们交往，也是一种成长。

如果你不善人际交往，做人如一潭死水。而身边恰有精于世故的人，你就要静下心来认真与其相处，说不定你可以学到一些在社会上生存的真本领。

当然，如果你有见人说人话、见鬼说鬼话的本事，也许朋友既羡慕你这种在别人面前游刃有余的能力，但同时他们也可能讨厌你的圆滑。

因为做人太圆滑，是一件让人很害怕的事情。毕竟，圆滑的人缺少羞耻心，脸皮又特别厚，还会算计人，别人躲又躲不过去。有时，什么事情都把你推在前面挡着；当你有什么困难时他也不会伸出援手，甚至还要落井下石；而一旦有什么好处，又上来在大家面前和你亲热得不得了。这种圆滑者确实让人胆寒。

那么应该怎样看待自己的圆融？其实，乾隆年间的纪晓岚已经做过很好的解释。他认为做人要“处事圆融、内心中正、不同流合污而为人谦和”。这个意思就是说处理具体事情的时候，可以适当掌握尺度，依情况不同而采取不同的处理方法，但是内心一定要诚实忠厚，做人要保持诚信。

现实中，能说会道的圆融者，未必都那么惹人讨厌。有些人为了生活、工作，不得不戴着面具，但是他们圆融的处理事情的方式确实值得称道。毕竟，社会也是一个大江湖，在江湖上混，你总得有两把刷子。不管到哪里，都有明的暗的规则与讲究，话怎么说，事怎么办，没有一定的经验，你就显得不会来事，事情干得就不漂亮。

所以，世故的人不见得都是坏人，只是他们处理事情的方式、方法更加老到。从另一个层面讲，也反映出他们的情商、智商较高。与这样的人交往，会间接地学到不少实用的处世经验，对你的成长也是大有裨益的。

有些人棱角比较分明，说话办事让人很不舒服，心是好的，也表现出了相当的正能量，但就是吃力不讨好，到处碰钉子。其实就是因为做事不圆融——什么事都和别人打得头破血流，不但会让人觉得你是个好斗的公鸡，也觉得你情商偏低。话又说回来，如果一个人什么事都没有主见，只会点头奉承，那就会被人认为生性圆滑，而且也得不到别人的尊敬。

世故的人，恰恰会避免出现这些低级的失误，在别人犯怵的时候，反倒能走出一步步妙棋——该坚持的事，坚定地表达自己的想法；可以妥协的事，能设身处地理解别人的意思，做出适当的妥协，甚至放弃自己的意见。这其中，不但涉及说话做事的方法技巧，还与个人修养和社会阅历有关系。所以说，一个处处受人欢迎的世故者，也是人生路上的好老师。遇有此师，你定要改变陈腐的观念，十二分地珍惜，并潜心从他身上取经。

人脉点拨：影响一个人社交水平的因素主要是环境，更确切地说，是身边的人。如果想成为社交高手，先要学会以让人感到舒服的方式说话办事。掌握这种技能的最佳方式，就是拜高人为师，多角度观察、学习他们社交的套路。

与积极的人交往，你会变得乐观

每个人都是一个能量场，都会让人感受到他的能量。在人际交往中，我们常常有这样的体验：和某些人打交道，能让你感觉良好，因为他身上带有正能量，并能将正能量传递给你，令你感染到那种积极快乐的情绪。而另一些人则相反，因为他身上负能量过多，不断地向你传递消极、悲观的情绪。

比如，这个人很好玩，天生的乐天派，很有活力，交这样的朋友会让你觉得很舒服、很值得。你和他相处的每一分钟，都会觉得很有趣。而有些人，你和他相处起来就很没劲儿，其全身上下满满地都是负能量。

和乐观的人交往，他会将正能量传递给你，令你感染那种快乐向上的情绪，让你觉得活着是一件很值得、很舒服、很有趣的事情。悲观、懦弱、绝望的人刚好相反。

人就像飞蛾趋光一样，和喜欢光明快乐的人交往，你会觉得自己那点不开心的事情不过是生命中的一个小插曲，没什么大不了的，未来还是光明的、有希望的，生活很有滋味。这样的人也很容易成功，很简单，大家都很喜欢他嘛，愿意和他交往，有人脉就有成功的基础，并且没有什么困难会把他打倒。

有这么一句话：装了一半水的杯子，乐观的人看到的是半杯水，悲观的人看到的是半个空杯。无论你怎么看，那个杯子都是装了一半的水，不以你的意志为转移，那还不如让自己满足一点、快乐一点为好。除非你有足够的意志力，否则不要和负能量的人交朋友。

和什么样的人在一起，就会有什么样的人生。因为人是最能接受暗示的动物。和积极的人在一起，你不会消沉。积极的暗示，会对人的情绪和生理状态产生良好的影响，激发人的内在潜能，发挥人的超常水平，使人进取，催人奋进。

记得有个朋友讲过他的一个故事。他想从公司跳出来做户外广告牌的生意，于是找来一个哥儿们探讨。探讨的结果是，不管他提什么方案，那哥儿们都说“行不通”，而且会举一大堆失败的例子。他想的是，有人帮他想想每个方案如何行得通。据这位朋友讲，他的这位哥儿们，平时就是一个消极的人，从来不敢冒险，同样一个问题，他总是会看到其负面，遇到事情也常表现出悲观情绪。

看待问题，乐观的人看到的是积极的一面，而消极的人看到的却是另一面。如此，他们表现出来的能量场就不一样，给人带来的观感也大相径庭。更重要的是，当你想做一些事情时，积极的人往往会给你带来助力，而消极的人带来的却是阻力。

人脉点拨：积极的人像太阳，照到哪里哪里亮；消极的人像月亮，初一十五不一样。远离消极的人，否则，他们会在不知不觉中偷走你的梦想，使你渐渐颓废，变得平庸。

与消极的人交往，你会变得阴郁

在鲁迅的小说中，他曾描写过一个非常形象的角色：祥林嫂。她是鲁迅笔下的一个悲情人物，即使发生在她身上的故事很感人，但总让人觉得不是一个好故事。

其实在现实生活中，到处都是祥林嫂。他们的经历很丰富，感情很真挚，但他们的世界里只有黑暗与悲剧，看不到半点光明。他们总是感觉上天对自己不公，一切“都是你的错”。只要讲故事，自己就一定是个受害者。

每个人活得都不容易，谁还不遇几个坎，如果一定要把自己的不快吐出来，也要看场合、看人。否则自己讲高兴了，完全不顾及他人的感受，会让人觉得很自私。

说白了，这种朋友的身上是有“毒”的。他们的存在会一点点地损害你对生活的信心，会减少你身上的正能量，会加剧你对世界的抱怨。可是，他们给不出解决方案，给不了你希望，这样的人，虽然不坏，但会潜移默化地伤害别人。

有的人可以堪称这方面的负能量大使。每次与别人在一起时，他总能把自己的苦难翻出来讲。他会告诉你自己多不容易，这个世界多万恶。他见过的人多，讲的故事也很多，但每个故事都有一个共同的结尾：自己很傻很倒霉。让人听得云里雾里。只要你愿意，他还会给你讲一个。等他抱怨完后，结尾完全一致：他还是那么傻，那么倒霉。

如果你是“牛人”“网红”，有一定的影响力，能让更多人看到你的不幸与悲剧，把自己的故事分享出去，或许有人会将你的故事改编成剧本，有人拿来炖碗心灵鸡汤，但你总是向身边的朋友抱怨，传递负能量，你是想让人哭还是笑呢？

许多人就像垃圾车，他们装满了垃圾四处奔走。充满懊恼、愤怒、失望的情绪，随着垃圾越堆越高，他们就需要找地儿倾倒，释放出来。如果你给他们机会，他们就会把垃圾一股脑儿倾倒在你身上。

没有人喜欢这种“祥林嫂式”的朋友，女人不喜欢，男人也不喜欢，“祥林嫂式”的男人更让人生厌。如果一个人不断唠唠叨叨地给你洗脑，会潜移默化地改变你的价值观。他们喋喋不休地强调痛苦，会点点滴滴地腐蚀你的正气。

所以，要离开这些有“毒”的人，去交那些能鼓励你的人，交那些在挫折中能激励你的人。

人脉点拨：当有人向你倾倒情感垃圾时，千万不要收下，只要微笑，挥挥手，祝他们好运。然后，继续走你的路，这样做你会更快乐！

与有层次的人交往，你会变得优雅

俗话说：“物以类聚，人以群分。”要经常与有层次的人交往，并不是我们嫌贫爱富，而是你与什么样的人交往，决定了你会成为什么样的人。

和有层次的人交往，可以潜移默化地改变你的人生观与世界观，改变你的性格，提高你的修养。这些内在素质的改变，必然重新校正你社会交际的方式，使你能够更加有分寸地处事、交际和生活。

相反，如果你常和那些素质不高的人交往，不但自己难以得到提高，还有可能为此付出极大的代价。这就好像下棋一样，和棋艺高的人下，自己的水平也会有长进；反之，如果一直和水平低的人下，那么自己的棋艺不但得不到提高，还可能会退步。

春秋时期，一代霸主齐桓公本身并没有什么本事，可是他的宰相管仲却足智多谋，有着过人的智慧，正是在他的帮助下，齐桓公成就了自己的霸业；可是，在晚年，齐桓公却与易牙、竖刁、开方等奸佞小人非常亲近，甚至还委他们以重任，结果这些人合谋造反，把他囚禁在高墙深宫之内，最后落了个活活饿死的结局。

与人相处也是这个道理。能够成就自己的人，往往是能力比自己强的人；而让自己付出代价的，往往是庸人。

与有层次的人交往固然不错，可是如果你的水平与人家相差悬殊，恐怕人家也会不屑与你交往。所以，若想与有层次的人交往，就要想方设法全方位地提高自己。

人若是有点水平了，连聊天的话题都会显得上档次。比如聊吃聊喝，你大老粗，俗人一个，聊的是大块吃肉、大碗喝酒；人家可能会谈怎么吃养生，酒怎么品才更有味道。你看，吃喝都聊不到一个频道，那沟通起来就障碍重重，深入的话题就更没法进行了，友谊的小船即使不至于侧翻，也是没法向前开动的。

所以，要与有层次的人交往，自己先要有点层次，不至于把对方的层次拉得太低。这既是尊重别人，也是提升自己。

有个小老板平时连台球都不会打，后来却打起了高尔夫。以前，他非常讨厌玩高尔夫的人，总觉得这帮人就是喜欢装，用棒子敲一颗球有什么好玩的？半天也打不进去，要节奏没节奏，要刺激没刺激，还要装模作样。后来，他不这么想了，玩是一回事，和谁玩又是一回事。他就和几个大老板玩过，对方那不是一般的笨，连自己这个新手都打不过，按说这样的笨人，不该来丢人现眼。但是你太认真了，其实就出局了。打高尔夫是名，大家凑到一起玩这才是实。表面上大家玩的是球，其实玩的是圈子，玩的是商机。你说你是高夫尔球高手，没人陪你玩，其实却是因为你层次不够。

所以，与有层次的人在一起，看似吃吃喝喝，其实，是一群修养、学识、能力、财富与地位相当的人互通有无，在相互借鉴与学习。故不用刻意去结交谁，当你的层次提升了，自然有人愿意与你交往；当更多的人愿意与你交往，说明你已经变得不简单了。当然，你要有更大的成长空间，就要多与更有层次的人交往。

人脉点拨：和有层次的人交往，浸染在一个高情趣的氛围中，可以陶冶你的性情，从中受到感染，从而你的生活情趣也会随之高尚，品位自然而然也会日益提高。

与混日子的人交往，你会变得平庸

人都是生活在特定的环境中，稍加留意你就会发现，在现实生活中，医生的朋友，通常也都是医生；出租车司机的朋友，通常也都是出租车司机；当老板的人，他们的朋友通常也都是老板；亿万富翁的朋友，通常也都是亿万富翁。

人长时间生活、工作在一个特定的群体中，必然会体现出这个群体的某些特征：要么被别人影响，要么去影响别人。总之，他们会呈现出某些共性。

当你一无所有的时候，被人影响非常重要也十分必要，关键是你被谁影响，你是否经常被一些与你同层次的人弄得人云亦云，经常被人催眠。

跟小偷做朋友，你不会学到其他方面的技能；跟麻将爱好者交朋友，你增长的就会是赌瘾；与吊儿郎当混日子的人交往，你每天都在混日子。和什么样的人交朋友，将决定你的一生可能跟谁一样！

近朱者赤，近墨者黑。这是老祖宗讲了上千年的话。小时候，你不听老师和父母的话，经常与调皮捣蛋的孩子来往，逃学、旷课、打游戏，成绩肯定好不了。走出校园，你整日与一些不务正业、游手好闲、不三不四的人交往，注定混不出名堂。

有个年轻人，刚毕业便和朋友合伙创业。理想很丰满，现实很骨感。朋友新鲜劲儿一过，便没了创业热情，三天打鱼，两天晒网，公司很快就被搞垮了。后来他意识到：和谁在一起很重要。第二次创业时，他选择了一个靠谱的朋友做伙伴。接下来在招聘员工时，那些想来混日子的一概不要。结果，他成功了。

人创造环境，同样，环境也会改变人！在很大程度上，一个人所处的环境决定着他事业的成败。著名成功学大师卡耐基就曾说过，一个人的成功15%取决于他的专业知识，还有85%取决于他的人际环境。

与胖人在一起你也可能会成为胖子，和瘦人在一起你也可能成为瘦子。与穷人在一起你会陷于贫穷，与富人在一起你多半会越来越富。要想成为优秀的人，就不要和甘于平庸的人在一起！

所以，如果你想减肥，就不要和一个胖子在一起，因为除了遗传因素，一个人之所以胖是因为他从来不知道节制食欲，而且他通常会有一种不在乎胖的理论，你跟他在一起，就会在不知不觉中受到他的影响，那你的瘦身计划就不可能成功了！

你想闯出一份自己的事业，就一定不要和混日子的人合作，你把时间、信任交给了他，他能给你带来的或许只有失望，而且会不断消磨你的进取心，让你离目标越来越远。

人脉点拨： 虽然永远没办法选择出生环境，但你有办法选择生存环境。你选择的环境将决定你的命运，选对了环境，选对了朋友，生活中处处是好运。故拒绝平庸，先要选离身边平庸的人。

第二章

你自己不努力，没人想帮助你
——请给人一个结识你的理由

如果你不够优秀，你的人脉也是不值钱的。人，只有在层次相仿、资源平等的情况下才能互相帮助。结识优秀的朋友，需要靠实力来吸引。在你没有获得成功之前，99%的社交都是无用的，没有人会主动来找你，会花时间与精力在你的身上。这话听起来有些冷，却是事实。

多与有品位的人交往

在物理学上，塔形的结构是最稳定的，底部大，顶部小，不易晃，也不易倒。这就像社会结构一样，它也是分层的，不同能力、身位、地位的人，他们所处的社会层次不同。处于塔尖的那些人，他们能掌握更多的资源，能释放更大的能量。所以，人都爱往高处走，不是为了看风景，而是为了更大限度地实现自我价值。

处于同一起跑线的人，在资历、能力，甚至背景都相近的情况下，最后能左右他们人生高度、塑造其人生轨迹的，恰恰是他们的生存环境。整天和要饭的谈理想，会越谈越没有理想，越谈越觉得是扯淡；经常和一群骗子论人生、谈成功，最后你连自己都会不认识、不相信，更谈不上正三观了。因为，朋友的层次在无形中会决定你的高度。判断一个人，只要观察他经常交往的那些朋友，基本就可以描画出他的形象。这也是老祖宗教给我们的一个识人的标准。

故要做有品位的人、有层次的人，就要多交有品位的、有层次的朋友。有位企业 CEO，年近半百，最大的特点就是爱学习，走哪儿都带着一些书，没事就皱着眉头啃。都这把年纪还这么上进，真是少见的“活到老，学到老”的模范。一问，才知他正在攻读 MBA。我说你这么牛了，这么多年的工作经验，都能当 MBA 导师了，还费那劲儿干吗？他说：“这你就不懂了，我是为了结识高端人脉。”

怎么个结识法？他拍了拍桌子，给我科普了一大堆 MBA 那些事，让我醍醐灌顶：想成为什么样的人，就要先结识什么样的人。

这就如同一些人出差总要坐头等舱一样。为何要搭乘头等舱？是为了更舒适、享受更多的服务？还是为了比其他乘客早 10 秒起飞、早 10 秒着地？都不是！坐头等舱的背后意义是为了搭建自己更高层次、更高品质、更高价值的人脉网。

如果你不想总是处于社会的塔基位置，除了增强自身实力，让肚子里有更多干货外，一个重要的途径，就是要尽可能为自己营造积极向上的生存环境。这其中，人际环境又是极其重要的。

人脉点拨：人脉如空气一样重要，要想有大的作为与境界，必须建立高端人脉圈。高端的人脉能开阔你的视野、放大你的格局，带给你更多资源和参与机会。

自己没学识和能力，认识谁都没用

你认识谁不重要，你是否优秀才是关键。削尖了脑袋往人脉堆里扎，扎进去又怎么样？只有资源平等，才能互相帮助。不是说前天你和 A 握了手，昨天 B 加了你的微信，今天你留了 C 的电话，这就是人脉。脉，是脉络、财脉。每个人只有成为他人财脉上的一环，双方才能产生利益交汇点，才有可能建立合作关系。

大家萍水相逢，话虽投机，但你是做牛皮生意的，我是帮人吹牛皮的，看似都干“牛皮”这个行当，却八竿子打不着，此牛皮非彼牛皮。行业不同，地位不对等，资源不能共享，怎么谈合作？怎么论人脉？喝杯茶，唠唠嗑，吹吹牛还差不多。

想与人建立链接，成为朋友，你自身先得有水平。你认识多少人没有意义，能号召多少人才有意义。在没有感情基础的前提下，人脉不人脉，全拼综合实力。对于一个弱者来说，一些所谓的人脉，看似全线飘红，实则虚假繁荣。

任何时候，决定你有效人脉的不是你接触的范围广不广，而是你自身的实力水平够不够。不是说我每天又认识了谁，跟某某名人一起吃了一顿饭，哪个女神把微信号给我了，我就和他们建立了友谊关系，或者形成了新的人脉资源。问题的关键是我自己是否有足够的能力和水平与他们站在同一个高度，即便是不同的领域，也可以肩膀对着肩膀来对话。

说这个人混得好，广结人缘，一定是人家实力在那儿摆着。况且你优秀与否，有没有实力，别人是能感觉出来的。有些人见了面就爱吹，认识这个，认识那个，这也在行，那也不差，生怕别人觉得他“不行”——潜意识还是认为实力决定人脉嘛，要不还吹个啥劲儿。

有价值的人脉，不是吹出来的，而是吸引来的。例如，有些人为了交朋友，连回家吃饭的时间都没有。自己没有硬本事，吃喝时朋友围着一大圈，用人的时候，却都像躲瘟疫一样离他而去。如果你很牛，连吃饭都不用埋单，想请你的人还要排队呢。你吃他喝他，是看得起他，是给他面子。就是求人办事，也不必张口，定会有人为你忙前跑后，有大事哪还会缺个跑龙套的？可见，人脉管不管用，说到底还是取决于实力。实力不够，认识再牛的人也没有用。

当你还不够优秀、不够强大时，就要老老实实地学习，不断提升自己，有时间多读读书、多充充电，放弃那些无用的社交。长了本事，你的世界才会变得更大。

人脉点拨： 盲目地拓展人脉，游走在各种社交场合，加入各种微信群聊的意义真的不大，远远没有集中精力让自己成长起来更有效。所以，除了要放弃那些无用的社交，还要学会让自己变得更优秀。

自己不够努力，结交谁都没有用

关系网某种程度上意味着实力，抛开实力谈关系，关系如空中楼阁。有实力的人，一定不缺关系网；有关系网的人，没有实力去支撑，网迟早也会破掉——即使是关系网，也遵循优胜劣汰的自然法则。

如果自己不努力，干不出一点成绩，靠到处结网拉关系来改变人生的境遇，定会撞到南墙。我们经常发现，越是没本事的人脾气越大，越抱怨现在的人势利，朋友难交，而且在看到别人的成绩后，会说一些偏激的话，甚至会夹杂着仇恨。因为他们潜意识里认为：是关系长了别人的本事，没关系别人啥也不是。

其实，这种想法很畸形。但很多人都有这样的想法，谁谁发了财，一定是走了歪路，谁谁取得了成功，一定是有啥背景……

刘某某也不是什么土豪，就是个普通的、每天快累成狗的上班族。一次，他把亲戚的孩子接到家里，也是想力所能及地帮助下亲戚。孩子却天真地认为，“你一天什么也不干”，却有花不完的钱，爸爸妈妈整天在地里干活儿，也没几个收入，这不是不公平是什么？

孩子的想法，也代表了现实中许多成年人的想法。有些人自己是个草根，就见不得你成为红花：我没有的你有，我不行你行，我就不平衡，你定是走了歪门邪道，钻了政策的空子，要不你凭什么比我强啊！不可否认，有人投机倒把，有人挥金如土，有人为富不仁，但是大多数人都是靠本事吃饭的。有些人看着风光，但是睡得比狗晚，起得比鸡早，你怎么就看不见？有的老板为了接单，被客户灌得不省人事，你怎么就看不见？只看到人家开好车、住好房，你就想吐槽，见到一个特例，就一棍子打死一大片，无视事实，太过扭曲了，这不是仇富是什么?!

不努力不是大错，很多人不都这么得过且过，活得悠闲自在，无事一身轻，但不努力偏又愤世嫉俗，就是大错特错了。天还是一样的天，地还是一样的地，你打拼不出自己的一片天地，把别人的成功归结为运气好、人品劣，把自己的无能归结为人善良、不会阿谀奉承，好像天底下就你实在，所有人都不该享受他们的生活，必须要受到惩罚，不免就太过偏激、无知了。

每个经济地位居于你之上的人，都有比你更努力地付出。他们没抢走你任何东西，你的所获，只与你的智慧、付出成正比。若脑子不灵光，身体不勤劳还要为自己找借口，那真就是你的错——不是上天对你不公平，是你在用悲愤的心态折磨你自己。

人脉点拨：如果说嫉妒别人的努力所得，无视别人的付出，并给自己的不努力找借口，多少也算人之常情，那么刻意欺骗自己，把自己臆想成“关系”的牺牲品，从此让自己生活在悲愤的心态中，那就是愚者之举了。

不做烂好人

人不管有没有钱，有没有能力，都应做一个好人，做一个善良的、对他人有益的人。做个好人，敬人敬己，朋友也会遍布天下，这是一种很自然的逻辑。但一味靠做“好人”去赢得朋友，让别人把你当盘菜，实属一厢情愿。

当今世界，靠什么都不如靠本事！出人头地需要一笔资本，你的资本在哪里？光凭一味死缠烂打，或没心没肺地“蛮干”是不行的。这样做很危险、很不划算，结果也会输得很惨。那为什么有人还要去做“烂好人”？

因为他们害怕，烂好人习惯了付出，习惯去讨好他人，把付出当成了一种生活方式，一种根深蒂固的思维方式。他们在付出中会找到一份安全感，相信自己只要不断地取悦他人，有求必应，凡事委屈自己迁就别人，自己就能活得心安理得，这样没有人会讨厌自己，人生多美好啊！他们逐渐对这种感觉产生依赖，甚至以此为生活目标。慢慢地，“烂好人”会越来越痛苦，他们会发现自己没有自尊，没有一点独立性格，甚至连属于自己的独立时间都被剥夺。

得到“烂好人”帮助的人，在摸清了“烂好人”的秉性后，贪婪与控制欲会日益膨胀，时间一久，便把“烂好人”的帮助视为理所当然。哪天“烂好人”突然醒悟，变得叛逆、变得不听话时，就会觉得他不近人情。这是许多朋友反目的关键原因之一。可能“烂好人”还会纳闷，为什么自己这么帮助他，还要跟我翻脸成仇人？真是苦了自己的一片真心！活着真辛苦啊！

在你成为“牛人”之前，塑造强大的自我，积累知识，积累经验，是出人头地的第一要务。不能说，“我是好人，你给我打个八折吧”，“我是好人，你把我当知己吧”……总想让别人看到自己的好，靠“卖好”赢得别人的认同、获得存在感，其实是本末倒置。任何时候，有本事才能“横行”天下。

一只小狗，你不是它的主人，不给它吃喝，对它再好，它也不会时常冲你摇尾巴——除非你让它看到你手里的食物。反倒是，你不小心伤害了它，它定会拉下脸来咬你。干工作交朋友，也是这个道理——你有被利用的价值，你是座上宾，你是“朋友”“哥儿们”；你没有半点价值，对不起，你什么也不是。

小陈是单位里的老好人，工作兢兢业业，平时也不懂得拒绝人，给这个帮忙，给那个协助。有一次，老母亲生病，他请了几天病假。等回到单位后，却被列入下岗人员名单。他想不通，便和领导反映。领导和他讲了一堆大道理，什么集体观念、大局为重，言外之意，个人要服从大局嘛！他还是想不通，下岗也要下得明明白白，又是找领导讨要说法，又是向上级反映问题，最后终于保住了饭碗。

人若自己不够强大，不能让人看到自己的价值，一味做“老好人”“烂好人”，那只有被利用的价值——被人渣盯上。可以说，有时候不是坏人太多，而是“烂好人”过多。对于恶意利用或中伤自己的人，我们必须要有原则：我允许你走进我的世界，但不许你在我的世界里走来走去。

人脉点拨：如果你与别人的“好关系”是建立在你很好“使唤”，很能为他们减轻负担，甚至为他们当“牺牲品”的基础之上，那“这种关系”不值得庆幸。

不怕被用，就怕你没用

人活在这个世上，就是为了实现自我价值而生存的。若不被人用，就永远也找不到自己的存在价值。能被人用，说明你很有价值。在社会中生存，难免被他人用，但是如果你的智商够高，你的能力够强，你就能在被用中闪光，体现自己原本的价值。因为你在被他人用的同时，也正在利用他人来成就你自己。

有一位留学生，在国外学经济管理专业，人品好，说话办事能力比较强。按理说，回国后，本可找到一份很体面的工作，可他死活不愿意给别人打工。自己创业，却屡创屡败。一开始，他怨天尤人，说什么自己怀才不遇，没找到好的合作伙伴，之后就一直靠着父母吃喝，直到最后不好意思再“啃”父母了，才拉下脸面出来找工作。

面试了几家公司，不是嫌公司小，就是嫌没发展前途，或是怨整个行业的前景不好。他的外语水平八级，这是他的专长，可他却偏偏误在他的专长里。后来，他好不容易找到了一份还算不错的工作，上班第二天，经理就安排他去接待一个外国客户。他心里有些犯嘀咕：是经理在考验自己，还是信任自己呢？谈得好或不好都没有他的好处，谈好了生意是经理的；谈不好责任是自己的。所以，他觉得经理是在利用自己。

他的朋友劝他，人活在世上是避免不了被别人用的，别人用你，说明你有价值，你要是没用，别人还利用你做什么呢？这个朋友的话很正确。“利用”这个词在现代社会已经趋向中性了，你有他人没有的能耐，你才能够被利用。要是没人利用，你的功效怎么发挥？难道像白菜一样宁可烂掉，也让人吃不成？后来他还是接了这个任务。接下来，他做事的方法改变了许多。再后来，他还被升了职。几年过去了，他再也不是开始那个恃才傲物、自命清高的大男孩儿了。

在职场中，每一个老板都希望能以最好的性价比招聘到最合适的员工；而作为应聘者，则希望找到既能满足自己的职业生涯愿望，又能得到较好的报酬的工作。这里就有了一个矛盾，或是说博弈：作为职场的供求双方，各自在追求己方利益最大化时，必然会有一个和对方利益冲突的过程。但不管怎么样，只要你被用了，就说明你在别人眼里是有价值的，这就是一件值得庆幸的事。

处理朋友关系时，也应遵从这个原则。中国人常讲“礼尚往来”，其本质上就是一种相互“用”的关系。现在生活、工作节奏这么快，大家社交的时间都很少，一旦有时间，肯定先会选择与对自己价值最大的人交往。这是由人的趋利性决定的。你鲜有朋友，或是鲜有朋友往来，说明彼此间鲜有交流的价值。

只要不是被恶意利用，就不要怕被利用，被利用至少说明你不是一废材。若不被人用，就永远也找不到自己的存在价值，只有在被人用当中，学会审时度势、学会交友，才能学会生存之道，否则的话，就该被社会淘汰出局了。既然如此，何不笑着面对利用你的人呢？

人脉点拨：人都是基于“价值交换”而被连接到一起的。既然是利益交换关系，那么你能换回来多少价值，也就取决于你自己能给出去多少价值，与你和他喝过多少次酒关系不大。所以，与其把时间花在多认识人上面，不如花时间提高自己的个人价值。

要用收入证明你的贡献与价值

在商业社会，收入是个人能力的指示器。看这个人是不是在混日子，收入是最有说服力的。把自己说得天花乱坠，别人也不会把你当盘菜。反倒是，越富有的人越低调，越有人愿意去结识。

有一位曾为企业家上课的讲师说他刚参加工作时，课上有人会问他：你干过什么行业，开过什么公司……他说自己学的是工商管理，大学毕业后就做了讲师，自己很喜欢和大家分享自己的心得。

你喜欢管用吗？台下的老板哪个认可你！有人干脆就骂娘了：滚吧，你才吃了几碗干饭，什么都没干过，就在这里忽悠，快找你们老板来，退钱！这不是明摆着骗人嘛。

这说明了什么？说明人们在选择说话的方式、办事的方法时，是会考虑对方的身份与地位的。所以，财富地位不高，别人就不会把你当回事。你没有钱，说出的话就没有分量，别人就不会信服。

你说你自己很有能耐，认识这个，认识那个，在多少行业里混过，但就是到哪儿都赚不到钱，全做了贡献，饿死饿不死不说，在这个商业社会里，别人还是会质疑你的高尚：忽悠谁啊，自己够“二”了，还拿别人当傻瓜吗？非但得不到别人的认可，还让人多了一些防备心理。

任正非牛不牛？马云牛不牛？特朗普牛不牛？都很牛，为什么牛？前二者善于创造财富，后者是美国总统，当然牛了。你说我也很牛啊，但忙一天只赚一个盒饭钱，别人看不到你的价值，你越说自己有本事，别人越瞧不起你。隔壁老王屁本事没有，每天就是坐在办公室喝杯茶、聊聊天，月收入过百万，你不说人家牛，别人也会说他牛，觉得他这个人了不起，肯定在某方面有自己的特长。

收入是一个人能力的体现，这一点对99%的人都适用。这家公司有实力，一定是盈利能力很强；这个人有本事，一定有不错的月薪、年薪，这是对等的。反过来也大致相当。否则，能力与收入脱钩，说出的话就不能让人信服。比如，有些人谈项目，只强调“这个项目非常赚钱”，快投吧，但就是不谈公司运营项目的能力，不让人看公司的盈利状况，那别人会觉得投了才是“坑爹”。赚钱的项目多了，在别人手里赚钱，到你手里就可能赔钱，能力不同、玩法不同，结果自然也会不同了。

所以，不论是与人合作，还是寻找一个平台，要学会用收入来证明自己的价值与贡献，这是一种简单、有效，而无须多费口舌赢得他人信任与尊重的方法。在自己收入上不去之前，再有本事，也不要轻言自己是牛人，否则，会给别人带来误解，会让自己变得被动。

人脉点拨：要让人相信你的能力，先要让人相信你的收入。

任何时候，嘴上说有实力，却不能把实力转化为创收的能力，就都是忽悠。

太过头欠妥

俗话说“礼多人不怪”，许多人奉之为处世金律，待人总是一副笑脸，客气有加。有的职场新人，更是对这句话的正确性深信不疑。

公司里有位刚刚毕业不久的年轻人，对老板对同事十分热情，每次见面都抢先打招呼，出去吃饭老争着付账，从不吝惜自己赞美的言辞，还经常给大家散发一点小礼物，结果弄得同事都很不自在。

过了一段时间，老板把他叫去，问：“你是不是对现在的位置有什么想法？”

他很郁闷。为什么我待人多一点礼貌，反而会被认为是想升职呢？

这就是过犹不及的道理。做过分了，就跟做不到位是一样的，甚至有时候还不如做不到位呢。

有一天，孔子的弟子子夏问老师：“颜回这人怎么样啊？”孔子说：“颜回呀，他在诚信上超过我。”

又问：“子贡这人怎么样啊？”孔子回答说：“子贡在敏捷上超过我。”

又问：“子路这人怎么样啊？”回答说：“子路在勇敢上超

过我。”

又问：“子张这人怎么样啊？”回答说：“子张在庄重上超过我。”

子夏站起身，问孔子说：“那么这四位为什么都拜您做老师呢？”

孔子说：“坐下吧，我告诉你。

“颜回虽然诚信，却不知道还有不能讲诚信的时候；子贡虽然敏捷，却不知道还有说话不能太伶牙俐齿的时候；子路虽然勇敢，却不知道还有应该害怕的时候；子张虽然庄重，却不知道还有应该诙谐亲密的时候。所以他们才拜我做老师啊！”

诚信过了头，就成了迂腐；敏捷过了头，就成了圆滑；勇敢过了头，就成了鲁莽；庄重过了头，就成了呆板。同样，礼貌过了头，就成了别有用心。

有一句广告词说得好：“劲酒虽好，可不要贪杯哟！”酒虽是好酒，但喝多了也会伤身体，喝酒也需要有限度，做事情也同样如此，有了度才会产生美。

一个人一生可能做不了多少大事，但有一点必须要努力做到，那就是沉稳有度。假若一个人的内心经常是慌乱的，那就很难做到沉气凝神，很难做到处变不惊，很难在复杂事物面前游刃有余。不要说是做好工作，就是日常中也经常会把自己置于危险境地，让自己处于四面楚歌的被动局面。

谁不想指点江山，谁不想一呼百应，谁不想出人头地，谁不想位高权重？但是在一个新环境中，大家都是刚认识，说话办事一定要讲究度。

人脉点拨：一个人“刷”存在感的方式有很多，不一定非要去做过头的事。如果想让更多的人结识你，一定要注意说话办事的尺度与方式，有时宁可平凡一点、中庸一点，也不要刻意去表现自己。

撕下坏标签，树立个人好品牌

买东西一定要看牌子与质量，牌子好的往往质量也过硬。与人交往也是一样，人们会通过贴在你身上的各种标签来决定是否与你交往。你若被贴上“坦诚”“正直”“优雅”“优秀”等标签，人们就会觉得，哇，这人不错，至少名声不坏。如果被贴上“狡猾”“自私”“坏脾气”等标签，那别人就会想：要不要与这种人来往？

这些标签其实就是个人品牌，它在人际交往中非常关键。有远见的人，从认识别人的那一刻起，就非常注重个人品牌的塑造。时间久了，随便找些人来，他们都会说，这个人人品不赖、值得交往。

有了良好的口碑与个人品牌，你就不愁交不到朋友、找不到圈子。这就跟卖产品是一样的道理。曾经，有的人排一宿队只买一个手机，而且是花 1 万元买一个 6888 元的苹果手机，这些人傻吗？不傻，而且还非常时尚，他们排一宿队花高价买手机，买的就是品牌，买的就是认同感。从商业角度讲，苹果玩的这叫“粉丝”经济。

奥巴马第一次参选美国总统花了 5 亿美金，第二次花了 10 亿美金，他的工资是多少？一年大概 40 万美金，而且每天会累个半死——从 2008 年他当选总统，再到现在，你看他的照片，哪里像老了 8 岁？所以，美国总统干的肯定是最累的工作，也肯定是一半人爱你、一半人恨你的工作——美国是两党制，跟他对着干的那帮人会恨得他牙痒痒。那他为什么还不惜重金参选，除了政治因素外，他要的一个重要结果就是品牌。这跟你花几万块钱买个荣誉完全是两码事。

人们常用 1+1 来形容团体效应，在人际交往中，1+1 既不等于 2，也不等于 11，而可能等于这个人一辈子的人脉。你认识某人，不只是认识他一个人，他后面还有那么多朋友、那么多关系，将来都可能介绍给你认识。当然，前提是你交往到如此有价值的人脉，你首先得是个有价值的人，你要有吸引人的地方。其次，你要与对方有利益结合，无论在情感还是在物质方面。比如，你书法写得不错，那你就多帮人题几幅字；你发现了一个好玩的地方，一家好吃不贵的饭店，可以分享给大家。个人的声望就是这么一点点树立起来的。

所以说，在社会交往中，你既会被贴上各种标签，又有一定的价值。名声极坏的人，大家都会绕着他走，他的本事越大，可能带给别人的伤害也越大。这样的人走到哪里都没有朋友，都树立不起良好的形象。

人脉点拨：人脉经营自然法则：春耕——一见面，就让人喜欢上你这个人；夏耘——能与人融洽相处，并体会乐趣；秋收——与人要有价值交换，做一个有用的人；冬藏——必要时低调，让别人为你做宣传会更有效果。

情商可以不高，但说话要有见识

有家公司来了一个新人，大家对他的一致评价是，“那家伙文字功夫是真好，情商是真低”。他刚到公司时，偶尔还会接到外面打来的面试电话。有一次，人家问他找到工作了吗？他说：“喂，你是哪家公司呀，我给你们家投过简历吗？”

对方说：“投过的，我们看过了。”

他说：“我不记得了，我在招聘网上是群发的。既然你们看到了，那你介绍一下你们公司吧。”

对方说：“如果有兴趣的话，你可以看下我们的网站，上面有详细的介绍。”

他又说：“要是你那儿工资给得高，我就去看看，对了，待遇怎么样？”

人家呵呵了几句，就借故挂了电话。

有人说，你这种说话方式不对，显得太没情商了。他说：“什么狗屁情商，真正有才华的人，是不屑什么情商的。”

说话最能体现一个人的情商，而情商是才华的一部分，也是智商的一部分。所以，话都说不好，还要夸自己很有才，在逻辑上也是站不住脚的。一个人再有才华，遇事胡说乱说，也会被人瞧不起的。

不懂的事要少说，懂的事也要悠着点说，话多了漏洞就多。所以，讲话一定要有分寸、要靠谱、要有见识，不懂不要装懂。

汉武帝建元年间，张骞出使西域，见乌孙王。乌孙王问他：“你们汉国，有几万人口吧？”

张骞道：“我汉国地域宽广，人口众多，单是征讨匈奴，每次出动兵马都不少于10万。”

乌孙王道：“十万之众？那你们肯定是连女人和小孩子都上战场了。”

张骞道：“根本不需要，我汉国一个郡人口就以数十万计。”

听了张骞的话，乌孙王与他的属臣们哈哈大笑，一边笑一边好奇地打量张骞。那眼光让张骞无言以对，他总算是领教到了，在没见识的人眼里，正常人就是骗子。

当然，见识带有局限性，有些所谓有见识的人，在更有见识的人看来，显得也很浅薄。但是人生在世，一个起码的智商底线是需要维护的——我们可以不是那个最有见识的人，但千万不要让自己成为最没见识的那一类人。

有一次，有个年轻人到经理家做客，发现经理的书房摆满了书。当时他一脸懵懂的样子，目光在藏书中转来转去，突然间冒出一句：“现在谁还看书呀？想知道什么，一百度全都有。”

经理说：“现在是什么时代？是知识爆炸的时代，你掌握的那点知识，都帮不了你。网上那些完全没体系的零七碎八，不过是娱乐产品而已。”言外之意，你读了几年大学出来，竟然还说这种没见识的话，你愧对父母，大学白读了。你在大学要学的，不仅是专业知识，更多的是运用知识的能力，与运用这种能力让自己获得更高视角的见识。

有些人读书时，老师天天冲着他的耳朵吼“不要读死书”，结果他一点也没听进去。在现实社会中，指望别人再重复一遍就能让他醍醐灌顶？异想天开！

没见识的人，说话就没水平，办事让人觉得不靠谱。所以，做人还是要多历练、多长见识，不要再让别人说你“没见识”，因为大家都不喜欢与“没见识”的人共事。

人脉点拨：一个人低情商，且说话显得没见识，表面上看是他不会说话，其实是学识修养不够。学识不取决于书本，而取决于社会，更确切地说取决于他交往的人群。

你和什么人在一起，决定你是什么样的人

第三章

要想成为狼，就先加入狼圈
——寻找强者的圈子

物以类聚，人以群分。人生在世如狼在野，要想让自己活得精彩，取得更大成就，你就必须寻找强者的圈子。加入强者的圈子，是给自己加压，人无压力轻飘飘，豆无压力不出油。给自己一些挑战，才能让自己变得智慧和强大，正如画家就要加入画家的圈子，演员就要加入演艺圈，如果没有加入圈子，谁又认识你呢？你又怎么能得到别人的承认呢？

当然，进入一个圈子，在增加你的身份认同、让你获得安全信息的同时，也会束缚你的个性、消耗你的资源，将你置于一种随时“交易”的状态。许多时候，当圈子不再为你带来更多助益时，往往不是圈子的问题，而是你的态度问题。

话说圈子

地球上的每一种生物都生活在一定的圈子里，连蚂蚁都有自己的圈子，人更是离不开圈子。所以，圈子对一个人的影响是巨大的，有时它甚至能改变你的成长轨迹，决定你的人生成败。

圈子不仅仅是交友平台，更是关系转化为“战斗力”“生产力”的平台。保罗·艾伦年轻时就与比尔·盖茨志趣相投，一起干事业，这就奠定了他未来成功的基础。与一个注定要成为亿万富翁的人交往，自己怎么可能会成为一个穷人呢？你交往的人就是你的未来！

国内著名企业红羽集团董事长王晓升不仅非常重视人脉力量，而且还把这种理念带入了他所掌控的集团里面。在一次宴会上，王晓升先生畅谈了自己的理念，获得了在场各位企业家的共鸣，这其中有一位姓蒋的先生。宴会后，他主动联系了王晓升先生，表达了自己的合作意向，并透露出了大胆而新颖的想法。王晓升凭借敏锐的嗅觉发现了商机，二人一拍即合，很快就成立了浙江积分宝商贸有限公司，吸引了全国许多顶尖高手参与。就是这样一次偶然的机遇成就了王晓升的财富和传奇。

在能力相当的情况下，你拥有的人脉资源的多少决定了你能办成多大的事情。通常，你的社交圈子决定了你的社会地位——人脉会深刻影响到个人的成功、财富的获取。

就算你有天大的才华、有冲天的志气，你还是得认识这样一个人：他能为你提供一个表现自己的舞台，他能帮你链接到更多人脉资源。

和什么样的人在一起，就会有什么样的人生。爱情、婚姻如此，家庭、事业也如此。所以，人一定要走出自我封闭的小圈子，扩大交友范围，拓展人脉关系，多结识专业人士。试想，在你没有多少人脉资源的情况下，碰到一个很棘手的法律问题，你怎么办？你必须到网上查，或是请教专业律师。许多时候，这么做既浪费时间，也浪费精力，还可能得不到专业的解答。

如果你有强大的人脉资源，你的朋友遍布金融、财务、政府、媒体、律师、医学及其他众多相关行业，那你的这些问题还会是问题吗？一个电话、一顿饭，你就会得到最详细、可靠的答案。这就是圈子的力量。

美国前总统西奥多·罗斯福曾说："成功的第一要素是懂得如何搞好人际关系。"特别是一些行业或领域的顶尖人物，如果你能和他们成为朋友，那你在前进途中将会获得更大的上升空间。

成功学大师卡耐基经过长期的研究得出结论：专业知识在一个人成功中所起的作用只占 15%，而其余的 85%则取决于他的人际关系。在知识经济时代，人脉已成为专业的支持体系。对于个人来说，专业是利刃，人脉是秘密武器，如果光有专业，没有人脉，个人竞争力就是"一分耕耘，一分收获"，但若加上人脉，个人竞争力将是"一分耕耘，数倍收获"。

人脉点拨：圈子虽然神通广大，但最为重要的还是你的知识和内功的积累。只有自己修炼好了，才会遇到更多的"贵人"；你只有奋斗到了那个层次，才会有相应的圈子。

想成为狼，就不要进羊圈

没有圈子，学历再高、能力再强也会穷困潦倒；不入圈子，单打独斗难成气候。但自己还是应该掂量一下自己的实力到底有多大，问一问你自己到底要进哪个圈子，想成为什么样的人。

如果你想成为羊，就不要进入狼圈，因为思维不同，羊加入狼圈，就好比让一个天生胆小的人去当头领。只有在狼圈里，你才会成为狼。为什么？因为不成为狼你就在狼圈里混不下去，形势逼迫你提高自己的能力和水平，像狼一样思维，像狼一样勇敢，像狼一样智慧。

浙江商人马云说："沙滩上小的石头，可以捏在一起抗衡大企业。"而一位商人在《英才》杂志的采访中称："花 20 万元认识一个对自己有利的圈子很值得。"美国石油大王洛克菲勒也曾说："我愿意付出比天底下得到其他本领更大的代价去获得与人相处的本领。"可见，良好的人际圈子和关系网络必然会给你带来更多的机会。

和什么人在一起，这是个非常重要的事情。如果一个人曾经与比尔·盖茨握过手，他一定会把握手的照片放在显著的位置，恰到好处地让人看见。因为能和高山景行的人物在一起，他自己的形象也会大大提升——你的朋友是谁，你便会被想象成是那一种人。

总之，一个人必须明白这样一个道理：始终在水平低下的圈子里混，最终又能混出多大名堂呢？加入比你现在水平高的圈子，开始时你可能会吃亏，会遇到挫折，但是当你吃亏吃到吃不下去的时候，你就不会吃亏了。

所以，你现在最重要的事情，就是加入一个更成功的环境。你没有办法在一个不成功的环境而成为成功的人，就如同从羊群里挑出一只像狼一样勇敢的羊来一样困难，即使领头羊也没有狼圈中最弱的狼厉害。

人生在世如狼在野，谁都会有不顺心的时候，也会有突然跌落逆境的时候，人应该学习狼那种在千百次打击磨炼之后才变得更加坚强成熟。要想让自己活得精彩，取得更大的成就，你就必须寻找强者的圈子。加入强者的圈子，是给自己加压，人无压力轻飘飘，豆无压力不出油。给自己一些挑战，才能让自己变得智慧和强大，画家就要加入画家的圈子，演员就要加入演艺圈，如果没有加入圈子，谁又认识你呢？又怎么可能得到别人的承认呢？

人脉点拨：富豪们之所以要打高尔夫，并不是一局几百元钱花了，人就可以更放松、更休闲，而是因为那里是富人俱乐部，处在那个圈子里，有更多的信息可以沟通，更多的感情可以联络。

拼脑子拼努力，也要拼朋友圈

有个大学生，虽然家境一般，但在衣着打扮方面很讲究品位。穿衣服只考虑牌子货，一件衬衣要几百块。有人说，这家伙定是为了显摆，花父母的钱不懂心疼，做人也太能装了。再说，你穿 1000

元的衬衣就能学业有成？穷学生一个，小摊上几十块的衬衣不也挺好吗？食堂一顿饭也就八九块，而且荤素搭配，1000 元可以吃半个月。用半个月的饭票换一件衬衣，不是脑洞太大是什么。

但是别人不知道，他在校外参加了一个大学生创业组织，每周都要去听一些企业家讲课。他说："我的焦点不在外表，而在内在的学识，我之所以讲究些穿着，是为了尊重别人，这是一种修养，不能因为穷就有失体面。"

毕业后第三年，他在北京就有车有房有老婆了，没花家里一分钱，那些还在骂他傻蛋的室友生活得很平淡。有人不服：你买房了，还是一样傻，哪里的房子都一样住，花那么多钱在北京买不值！是啊，傻人都去买房了，聪明点儿的，都去租房了。

人的智商相差无几，家境比你好、能力比你强的人多了去了，想出人头地，除了拼付出、拼努力，也要拼环境。脑子好使，吃饭是容易点，但是没有一个好的人际环境也不行。

平时，你随便什么时候上网，都能看到有些年轻人在网上吐槽，有的甚至翻墙到国外网站上去骂，花样百出，聪明伶俐，智商不是一般的高，就算骂对了对你又有什么好处？没出息的人往往不是那些笨人，而是那些没法向前看、只生活在自我圈子中的，自以为聪明的像怨妇一样的人。

当然，即便是能进入一个自己想进去的高级圈子，也只能算是成功的第一步，证明你买到了一张船票，能否到达彼岸也是不一定的，这个圈子的门是虚掩着的，你推开了门，进去要想有空位子坐，还要靠自己。

人脉点拨：当你在一个圈内混熟了，眼界也开了，也得到了圈子的认可，还发现了靠谱的人了，但就是没有收获、没有提升、没有逆袭，做事还不成功，那没准儿是圈子的问题，不妨换换单位，甚至换换行业。

与雄鹰为伍，你才能展翅高飞

有句谚语：“和傻瓜生活，整天吃吃喝喝；和智者生活，时时勤于思考。”这句话所说的意思是朋友的影响力非常之大，大到可以潜移默化地影响甚至改变你的一生。你能走多远，在于你与谁同行。如果你想展翅高飞，那么请你多与雄鹰为伍，并成为其中的一员；如果你成天和小鸡混在一起，那你就不大可能高飞。

因为有圈子，就有游戏规则，什么样的人，就会有什么样的规则与潜规则，就有什么样的玩法，玩法不同，结果也大相径庭。所以，从你身边的5个人基本就可以推定你是一个什么样的人。一个人身边的朋友圈是怎样的，往往会决定这个人的发展方向——同一个行业的人聚集在一起，谈论的话题自然也会和行业相关；而投资圈的人聚集在一起，谈得最多的当然就是投资。

人人都知道股神巴菲特，他说过的每一句话都是“投资圣经”，希望能够借鉴他的宝贵经验管理财富的人更是数不胜数。事实上，巴菲特不仅是投资上的一把好手，更拥有着无与伦比的人脉。早年巴菲特申请哈佛大学被拒，这给了他认识自己的导师——著名投资学理论家本杰明·格雷厄姆的机会。当他阅读了菲利浦·费雪的《普通股与不普通的利润》之后，又马上去拜访费雪。正是这两位学者的理念奠定了巴菲特投资哲学的基础。

除此之外，巴菲特和他的黄金搭档查理·芒格也一直是投资圈的美谈。对于巴菲特来说，查理不仅仅是他的合作伙伴，更帮助他开阔了视野，“如果没有查理，我可能会比现在更穷”。就连巴菲特的好友比尔·盖茨也曾表示，如果没有查理的辅佐，巴菲特恐怕很难做得这么好。巴菲特也常说：“成功的关键就是与成功者为伍。”对于他来说，主动接近成功者、近距离向他们学习无疑是通向成功的一条捷径。

为什么巴菲特在投资圈能玩得转，还玩出了境界？除了自身优秀外，更懂得怎么与成功者为伍。学会和牛人在一起，耳濡目染，便会用牛人的眼光看世界、思考问题，自己的层次想不被拔高也很难。许多时候，缺少见识、不见世面，是因为自己身边的牛人太少。

当然，要想加入狼圈，自己得先成为狼。想与牛人为伍，自己得先变优秀。虽然巴菲特的成功受益于他的人脉圈，但是有个前提，他本身必须是一个优秀的人，一个能给别人带来助益的人。你与别人一样优秀，才会有平等对话的权力，才会互通有无，才会有资源交换，否则，一味伸着脖子仰视别人，不仅自己会很累，也很难赢得别人的尊敬。

对优秀的人来说，混圈子不存在你圈住我、我圈住你的问题。在这个各种社交关系无孔不入的圈子时代，你混哪个圈子并不重要，重要的是你自己是什么，用什么态度去与更优秀的人相处。为了混圈子而混圈子，最终只会圈住自己，在圈子中迷失自我。若想让圈子为你所用，甚至有能量书写圈子的规则，你必须有更高的智慧与更大的能量。

人脉点拨：凡人跟牛人的区别就在于：凡人遵守现成的游戏规则，牛人建立自己的游戏规则。苹果不跟微软建圈子，支付宝不跟银行拉圈子。它们只要经营好自己，无须刻意经营圈子，人们自然会围绕它而建立圈子。

玩也要讲产出

每个人都有自己的圈子，即使是最不善于社交的人，至少也有家庭、亲人这些圈子。社交广的人，混的圈子可谓名目繁多，书法圈、摄影圈、“驴友”圈……

小张有不少圈子，经常参加很多活动，也会遇到很多混圈子的年轻人。开始，他觉得很有意思，能接触各行各业的人，见了面大家似曾相识，聊得很投缘。时间久了，他却觉得很乏味，后来一些圈子的活动干脆不参加了，要参加的话，给钱才去。所以，大家以后也就不再热情邀请他了。

他是做营销工作的，起初也认识了圈内一些厉害人物，觉得自己是个角色了，开始出席各种活动，偶尔还有机会与大家分享心得，上台讲讲话什么的。但混了几年圈子下来，除了认识的人多了、杂了，没有多少长进，没帮自己赚到多少钱。因为在许多圈子内，大家都是来找客户的，都希望做别人的生意。像有做企业培训的，总是拉他去参加培训，“照顾一下生意，算是支持朋友啦”，大家都想着让别人照顾自己，结果大家都自娱自乐，没有半点产出，白白浪费时间与精力，圈子混得有点迷茫。

人是群居动物，有凑伙的本能需要，所以各个领域都会自然形成圈子。一方面，可以守望相助；另一方面，难保以后不会跳槽成同事同仁什么的。现在，随着微信的流行，圈子变得越来越容易建立，有很多人把你拉到很多群里去，然后成为他的背书，说你看，谁谁谁都在我的圈子里，你要不要参加一下。

有些年轻人，为了玩圈子，还特意换部好手机，天天挂在网上，找各种理由与网友见面。说实话这是一种低成本的社交，带来的后果就是，交来交去都是同一档次的朋友，不会有什么提升。

在社会生活中，一个人的很多经验其实都得益于和大人物的交往，大人物对一个人的提升作用是特别大的。这和你憋在自己的圈子里去想象皇帝的生活大概就是每天吃三碗饺子是完全不同的。经常有人说，我现在越来越相信，财富跟智商是对头，为什么有钱人都那么傻呢？不是有钱人傻，是你和有钱人的想法不一样，且你难以理解他们的想法和行为。说白了，是你与有钱人考虑事情的维度不同，他买东西心情很重要，你买东西实用很重要。如果你也和他一样去思考的话，没准儿也会一样有钱。

所以，想成为什么样的人，先和什么样的人在一起，像什么样的人一样去思考。但是，混圈子的成本很高，却未必有高的产出。这就需要你超越自己，不要什么圈子都去混、什么人都去交往。除了要摒弃一些低层次的圈子，一定要学会把一些跨圈子的新的价值输入进来，让大家有更充分的信任、有更好的合作，而不仅是为了聊天、交朋友，或是卖货给别人。

人脉点拨：混圈子的本质还是与人交往，首先要把自己打造成一个光鲜亮丽的品牌，靠实实在在的实力和魅力，在圈子里站稳脚跟。然后谈互利合作，实力不济可能会吃亏。毕竟与人交往不是一件容易的事，更何况要和一帮人玩。

先付出，再求回报

出人头地，实现理想，圈子也许有些作用，但主要还是靠自己的努力。

很多人之所以工作能够风生水起，能成为圈内红人，是因为长期分享自己平时的经验教训，并能给予他人必要的帮助，或对别人的帮助有实质的感谢，这样的人看似为圈子付出了很多，好像没有什么收益，但最终你会发现，他们从圈子里面获得的最多，他们的东西，大家更愿意分享。

所以说，想与他人建立良好的互动关系，想找到自己的存在感，最好遵循以下几条法则：

法则一：少废话，多做事。

在任何一个团队内，有价值的人会互相吸引，没有价值的人则慢慢会远离核心层。当你发现自己慢慢远离核心层了，那就是因为你其实没有什么价值，或者不能提供什么价值给团队，然后大家慢慢也就不爱理你了。所以，如果你觉得你在这个圈子里面没有什么存在感，多半应该反省自己的所作所为。

法则二：真心付出。

这个世界无法用钱衡量的只有经验和感情，一个经验的分享，看似简单，却有可能让一些人避免重大损失，这样他自然觉得你很有价值，而对另一些人来说，却并不觉得你的经验如此重要。所以要学会付出，且一定要真心，没有钱与经验，至少你有感情，没钱你就用感情，这也是一种让人看得见的付出。

法则三：圈子本身没有价值，圈子的运营才有价值。

这就像你建了一个微信群，天南地北加了一帮人，但大家鲜有良性互动，除了做广告就是推荐产品，那你这个圈子里的人水平再高，也没有意义，这样的圈子一般人也会选择屏蔽，因为没什么用。如果圈子成员是经过筛选的，且都认可并遵守圈内的规则，分享经验，对接资源，大家都觉得加入这个圈子受益匪浅，那么这个圈子的价值就会显现。现在的好多圈子，什么人都能加入，什么话题都可以聊，显不出圈子的层次与水平，甚至连主题都没有，那这个圈子就运转不起来，就不具备应有的价值。

法则四：成员的水平，决定圈子的水平。

加入圈子是一个很好的事情，因为你可以获得很多的信息，认识很多人，从他们的微博微信学习到很多的东西。而且，你多认识一个人，多掌握一份信息，比你闷头一个人琢磨要进步更快。所以，高水平的圈子能帮助成员得到快速提升。

人脉点拨：不管是什么圈子，要找到自己的存在感，必须要懂得付出，况且付出本身就是一种筛选。有很多人总在抱怨自己在朋友圈的付出没有收到回报，于是就怀恨在心。这样抱怨的人，应尽早退出圈子。

突破小圈子，奔向大天地

中国人讲究人情、面子，既然讲人情与面子，那没有圈子怎么行？这似乎是一个约定俗成的看法，但是却常常忽略了一个更为重要的常识：圈子大不代表能力大，圈子多不表示本事多。事实上，关于进圈子、搞关系就能成功的说法往往只是传说，很多时候是臆造出来的幻象而已。在某种意义上，尽管绝大多数人不愿意承认，所谓圈子很多时候是一种互助关系。如果自己拥有的资源不够多、本事不够大，身处的圈子就会慢慢消失。

所以，人情也是有局限的。如果突破小圈子，拥有更大的天地，人情与面子往往就不好使了。有个农村小伙子，没啥文凭，平时的工作就是搬砖。他的一位表哥学业有成，留学美国回来，在上海创办了一家公司。他打小儿与表哥一起玩大，看在这分情面上，表哥让他进了自己的公司。可他觉得自己是老板的亲戚，能力欠缺还不好好学，整天摆架子。表哥看不下去，于是又把他请回了老家。

如果说情面有用，那也只适用于小圈子里。在小圈子里，你帮我一把，我帮你一把，有来有往，大家都会互留情面。但想做成一点事，想有更大的天地，就要靠能力去赢得别人的信任。

有这样一个故事：一位刚创业的年轻人在北京寻找投资方，碰巧在某大学听了刘教授的一个讲座。他非常喜欢刘教授的讲座，于是就想趁着假期专门去拜访刘教授。但是，对方不认识他，更没把他当回事。

有一天，他正在逛商店的时候，看见刘教授也在商店里购物。于是，他热情地走上前去，又是嘘寒问暖，又是帮拎东西。趁着这个机会，他向刘教授表达了自己的想法，刘教授挺赏识这个年轻人，觉得他有想法，有闯劲儿，对他表示鼓励。

几个月后，他又带着创业方案拜访了刘教授。刘教授给他提了不少建议，并且承诺，下次办讲座时他可以免费去听课。后来，他在刘教授的课上认识了许多企业家，在刘教授的引荐下，他很快就与一家企业建立了合作关系。

也许你会说，这位年轻人的成功之处在于结识了刘教授这个关键人物，并建立起良好的个人关系。其实，他能结识刘教授，是因为自己的能力。你资历平平，没有半点出彩之处，一个教授凭什么赏识你？

所以，把更多的精力放在提升自己上更靠谱些，根基不牢，地动山摇，不长点真本事，不出点真成果，一个劲儿地只搞关系、钻圈子，结果必然是身在圈子里也难以立足。

有句话说：你怎么样，世界便怎么样。先哲亚里士多德也说过，羽毛相同的鸟，自会聚在一起。通俗点说，你是什么样的人，就会吸引什么样的圈子。自己优秀了，那些优秀的人才会自然而然地来结交；自己成功了，才能真正融入成功人的群体。高质量的群体，形成往往源于个人魅力、人格、品德、才学的相互吸引。

集中精力改变那些能够改变的，而把那些不能改变的留给时间。这大概是最实用的人生智慧。所以，专心打理自己，把自己发展成一个优秀的人，一个有价值的人，一个独立的人，比什么都重要。

人脉点拨：在你努力想成为一个值得被“圈”住的人的时候，一定要记住，一个人的幸福程度，往往取决于他的自由程度；而自由不自由，就要看你在多大程度上脱离对外部世界的依附。

拓展圈子，资源分享

你有两个苹果，我也有两个苹果，如果彼此交换，还是各有两个苹果；但是，如果你有两个苹果，我有两个梨，彼此交换后，双方都有一个苹果和一个梨。同样，倘若你有一个非常好的圈子，我也有一个非常好的圈子，我们互相交换，那么，你有两个圈子，我也有两个圈子。因此，拓展圈子最有效的方法，就是与你的朋友分享和交换人脉资源。

如果你一味去找，那么出发点就是错的。资源这个东西不是找的，是换的，你要找什么资源，就要有相应的资源去换。如果你没啥资源，那么你就要明白，你也换不到什么资源。那么换不到的话是不是就不用加入圈子了？当然也不是，你加入圈子有一个最基本的收获，那就是起码可以接触到很多信息。

有人加入圈子无非是想空手套白狼，但是问题是，空手太多了，白狼也不好套啊！于是大家就开始拉大旗扯虎皮。比如，有人想出个办法，靠电商的玩法做圈子。其实这个玩法比电商还要早很多，比如一些民间行业协会、民间组织什么的，几乎所有企业家都加入过，很多还担任了其中的职务，当然条件就是付费。这个玩法在之前的时代很有效，但在互联网时代就开始慢慢失效了，因为这种玩法是基于信息不对称的，而互联网逐渐解决了这个问题。大家一搜，网上没有什么信息，或者一大群人都在骂你是个骗子，你想会有什么结果？

你觉得这个圈子不错，想加入，除了一定要有可供交换的资源外，还要注意筛掉不靠谱的人。筛选人的办法也比较简单，就看这个人是愿意付出还是只求回报，是喜欢吹牛还是喜欢用结果说话，是经常混吃混喝还是经常愿意埋单。

也许你会说，我就是那个不靠谱的人啊！坦白地说，也因为你不太靠谱，所以这个圈子可能也就不太靠谱了，因为进来的也都是和你差不多的人。要让自己变得靠谱，很简单，少废话多付出，要么出钱要么出力，你要明白，你在观察别人是否靠谱时，别人也在观察你。

如果在一个圈子内，大家都想着空手套白狼，那么这个圈子就没有加入的必要。比如，有些行业圈子，靠谱的人很少，经常来的人总是喋喋不休，大家嘴上说得天花乱坠，却不愿意为别人付出一点。时间久了，你会发现这就是一个吹牛、聊天的群而已，大家没有资源交换。

当然，加入圈子不能只为了利益交换。中国人非常注重感情，由于大家经常接触，有了感情后，容易形成私人关系。一旦这种关系形成，有什么事情就先想到熟人。如此，人际关系中包含了人情与利益两大要素——二者彼此消长，人情比重大，则利益比重相应地就小。但几乎不会出现只有人情而没有利益，或是只有利益而不讲人情的关系。

所以，人情和利益二者不可偏废。一个人如果只为利益而帮你，他也就会为了自己的利益而坑你。因此，理想的关系应该是既有人情，又让对方有利可图。不论你想和什么样的人在一起，你都要首先思考这个问题：我用什么去换什么？

人脉点拨：圈子就是个棋局，当棋手还是棋子，取决于你的初心，胜败则取决于你的布局。从你踏入圈子那一脚起就应想清楚，自己是干吗来了，没有初心的误闯，很容易被当成棋子一样摆布；同样，如果没有布局，你就只能收拾残局。

认识“点赞”之交

一生中，你见过的、认识的牛人可能很多，但真正能和你有关系的又有几人？经常有些人会说，他的战友是哪个企业的老板，他的好朋友在哪里当官，他的同学和马云是什么关系……可是你跟他有多大关系呢？其实，你在别人那儿什么都算不上。如果一定要说有关系，那也是一种弱关系——仅仅是认识或打过招呼而已。这就像你在街上和陌生人打了一个招呼，后来知道这个人物不简单，你便觉得自己与他有点关系一样。如果和你打招呼的是个乞丐呢，你是不是还把他当成自己的谈资？

很多时候，我们总是以在哪个群、认识谁为荣，其实，你可以以别人为榜样，学习他们的优秀之处，努力成为他们那样的人，但是如果你不能拿出成绩和你认为的大咖平起平坐，你永远都会是那个去合影的，而不是被合影的。

有一个朋友，微信朋友圈里有上千好友，货真价实的交友达人。凡是在酒桌上、会场上、歌厅里、茶馆里、地铁里、公交车上、路边、小区门口、菜摊上、田中、河边、树下任何地方有过一面之交的人，或者是搜索到的附近的人，全都加为好友。有事没事，总会讲这些朋友的故事：“这哥儿们是北京的，×××娱乐城老大；这哥儿们是干大买卖的，本地房产行业头牌；这爷儿们了不得，家产几个亿……”一天要发好几十条朋友圈，与他的好朋友们谈工作、谈生活、谈理想、谈吃喝、谈国际大势……

虽然朋友圈里的上千朋友大多相互没见过面，连对方性别是真是假都没搞清楚，但还是话语投机、情意融融。他经常向朋友圈里的朋友发出盛情邀请：“兄弟，没事来玩呀，我一定陪吃陪喝陪玩陪……”朋友圈里的朋友也经常向他发出诚挚的邀请：“哥儿们，没事也到我这里玩玩呀，我一定请你吃饭喝酒喝茶……”

有一天，他真的出差到苏州，想起朋友圈里那个和他聊得投机、且经常邀请他去玩的苏州微友，便给人发微信：“兄弟，我到苏州了。”平日秒回的朋友，一个小时后才回话：“啊，真不巧，我刚到了美国。”他用微信附近的人一搜索，那位明明就在附近几公里！

见了谁都是朋友的人，谁也不把你当朋友。朋友也有真假、有亲疏远近。所以，人脉不求多，但一定要求精、求真。一个人的时间与精力都是有限的，不可能整天花大把的时间交朋友，去维系各种友情，如此，你靠什么去做工作、干事业？自己都活不出个人样来，拿什么争取、维持友情？

一定要把有限的精力分配到那些有价值的关系与朋友身上。即使是行业大佬，活得很风光，人脉看似一片繁荣，其实也没有你想象的那么好——在利益与名声面前，更要擦亮慧眼去辨别哪些人是真朋友，哪些人是伪君子。

许多时候我们的社交都是无效的。如果单从数量上取胜，那么高速公路收费站的收费员、为了销售业绩扫楼的销售员、景区的售票员，这些人每天都要接触成千的人，是不是应该当之无愧地成为“人脉之王”？

人脉点拨：朋友在精不在多。孟尝君门下食客三千，平日里一个个哥儿们长哥儿们短的，关键时候能拼死相救的，也就只有那么一两个。所以，被你圈进朋友圈里的人，不一定是你的真朋友——除了习惯了“点赞”之交，你们是否能共同面对诗和远方？

你和什么人在一起，决定你是什么样的人

第四章

格局要大

——想大格局的问题，做大格局的事

人一辈子没有出息，往往是因为朋友太少，更确切地说，是因为大格局的朋友太少。为什么？普通人在一起，谈的是闲事，赚的是工资，想的是明天；生意人在一起，谈的是项目，赚的是利润，想的是明年；做事业的人在一起，谈的是机会，赚的是财富，想的是将来。你每天在和谁喝酒喝茶聊天，就是你的格局，你的财富、你的成就、你的事业不会大于你的格局。你要想改变命运，天地要想大，就要先和天地大的人在一起，想大格局的问题，做大格局的事情。

喜欢算小账的人格局大不了

我们常常说，做人要有格局，大家也都喜欢跟有格局的人共处。但是，格局是个很笼统的词：格，就是指人格；局，就是指气度、胸怀。格局就是指一个人的视野、胸襟、胆识等心理要素的内在布局。说得直白一点，格局大就是有眼光、有魄力，能容纳百川，同时让人非常愿意靠近。

那么，怎么判断一个人有没有格局呢？好像很难。其实也不难，只要从小事上去判断就行了。

一个人不敢轻易尝试任何新鲜事物，喜欢挑剔抱怨，没有一点包容之心，还喜欢斤斤计较，处处想占上风。这样的人，你会觉得他有格局吗？

而我们都知道，一个人有格局，事业才能更成功。一位老板曾讲述他公司一个年轻技术员的成长故事。这个小伙子毕业于名牌科技大学，刚毕业那几年，潜心学习技术，兢兢业业、踏实努力、埋头做事、淡泊名利，正是因为这些品性，从技术员一直成长到部门经理，成为公司的技术权威。

然后，不可思议的事情发生了，他当上部门经理后性情大变，凡事以自我为中心，计较、不好合作，无理要胡搅，有理更要闹。特别是在“利”这方面，一个年薪30万元的主管，竟然小气到因为每天100元的出差补助和财务部门翻脸，为多报销一张10元的的士车票也要去造假。

时值公司准备上市，在一次会议上，与会者一致表决："鉴于此人表现，不宜考虑纳入股改对象。"结果，公司很多人因企业上市成为百万富翁、千万富翁了，而他还是拿30万元年薪，最后在心理极度不平衡中辞职走人。他到另外一家企业连年薪也拿不上了，变成拿月工资了。

如果你是在为小利益而生存，不是为大格局而生活，纵使身上万千才华，又有何用?！所以缺少格局的人很难改变命运。如果你想成为一个有格局的人，那么就从日常点滴小事做起：去尝试新事物，去接纳一切，去真心祝福别人，去看淡小得失……这一点点小事，慢慢积累，最后就会完成从量到质的变化，就会一点点地提升你的人生格局，影响你的整个人生。

但是，需要提醒的是，再大的格局，也要落实到柴米油盐的小事上。与其天天把大格局挂在嘴边，不如从一点一滴的小事做起。人类学家玛格丽特·米德说："一小群有思想并且有献身精神的公民，可以改变世界。不要怀疑这种说法，事实上世界正是这样被改变的。"的确，你可以改变世界，但一定要首先改变你的格局！

人脉点拨：有句话说得好："再大的烙饼，也大不过烙它的锅。"你可以烙出大饼，但是你烙出的饼再大，也得受锅的限制！我们所希望的未来，就像这张大饼一样，是否能烙出满意的大饼，完全取决于锅！这口锅就是格局。

跳出固有格局，发现不一样的自己

在现实生活中，每个人多多少少都是生活在一种框架和幻觉之中。说框架也好，说幻觉也罢，其实就是一种格局。

有一个中年人，在一家单位工作了十几年，后来辞职下海了。功成名就，回过头来再与昔日那些老同事交往时，不免感慨道："和大家一见面聊个三言两语，马上就觉得对方怎么这么封闭、愚昧呢?"后来，有人告诉他：你原来也是那样，现在出来了才知道自己原来活得那么小气。

许多人都有过类似的感受，自己的变化越大，这种感受也就越深：自己的心态变了、环境变了，回过头来审视过去的自己，发现自己原来活得是另一番模样。这就像一个曾经穷得叮当响的人，后来事业发达了，回过头来审视过去的自己，他会对既往的贫穷有更深的感悟与认识。而且，他也不会再以过去的心态来看待眼前的世界。为什么？格局变了。如果他一直没有任何建树，他对自己的认识可能不会这么深，对许多事物的看法及行事作风，也会一如既往地传承下来。

一个人单打独斗，不经历风雨，不见大世面，要培养大格局是比较困难的。你说"我做生意老不赚钱，是因为格局小，现在想把它培养得大一点"，如果有人和你说，"咱们一起合作可以赚钱"。你犹豫了半天没有做。原因是：你去咨询了一位朋友，他告诉你不靠谱，于是你听了朋友的话。这就是你的格局！你想做成事，一定要记住：想了解某个行业，要么你亲自去尝试，要么你去问在这个行业成功的人士，不要去问那些不相干的人！因为他除了失败的经验和负能量，什么也给不了你。

你要改变自己现有的格局，必须学会先跳出朋友圈看格局，怎么看？有两个逻辑你必须要明白。

逻辑一：你是什么人，就会吸引什么人。

昔年有冯仑、王功权、刘军、王启富、易小迪及潘石屹六人，传说六人意气相投，后啸聚而起，创建海南万通。此后六人各成一方霸主，江湖人称“万通六君子”。再比如说，日本两位轮流坐庄的首富，优衣库创始人柳井正和软银集团的孙正义，二人经常一起玩高尔夫。好多人想加入进来，可这俩家伙偏不带人家，让人好不烦恼。

这就是有钱人的格局，带你玩才行，不带你玩，你站在跟前也碍事。普通人的格局是什么？我是个小人物，就要和小人物多相处，大家趣味相投、玩法相近。如此，你也就很难有做大事的想法，也更难做出有格局的大事。

逻辑二：与什么人在一起，就会成为什么人。

人最大的运气不是捡钱，也不是中奖，而是有人可以鼓励你、指引你、帮助你。所以，限制你发展的，往往不是智商和学历，而是你现在的格局。透过固有格局发现不一样的自己，才能看清自己的不足，了解自己的境遇，发现成长的方向。

人脉点拨：有格局的人，不会把太多心思花在取悦、攀附别人上，因为他清楚，人脉、关系只是能力、格局、地位、身份的衍生品。你只要到了那个层次，自然会有相应的关系，而不是倒过来。

小肚鸡肠，别人会远离你

俗话说：“量小非君子，无‘度’不丈夫。”这里的“量”和“度”都是指人的心胸、气量、气度，一个人的心胸就像一个容器，心胸宽阔，可以容纳来自四面八方的溪流，形成江河湖海，朋友相处才能长远。狭隘的胸怀只能容纳自己，到最后也只是一个一晒就干的小水洼而已。看一个人的朋友，就可以知道他的胸怀如何了。

王军是一家贸易公司的销售人员，由于他具有较高的专业知识水平，进入公司不久，就成为公司的业务骨干，薪水自然也是水涨船高，而且让王军格外惊喜的是，由于他的出色表现，竟获得了同事小梅的青睐，正所谓爱情事业双丰收，美好的前程就在眼前了。

可是王军这人有个明显的缺点，就是肚量太小、疑心太重。平时，同事很少开他的玩笑，有时背着他讨论一些事情，他会感到心神不宁，觉得此事必有蹊跷。因此，没少与同事发生不愉快，也给大家留下了不好的印象。

老板念他业务水平高，没有炒他的鱿鱼。但是，他并没有就此收敛，把同事的忍让错误地理解为“公司离不开自己”，表现得越来越肆无忌惮，最后混得毫无人缘可言。如此破坏内部团结，老板终于下了狠手，将他扫地出门。小梅也觉得他心眼儿太小，这样的男人怎能托付终身？于是和他分了手。

敏感多疑、心胸狭隘是培养人脉的大忌。在现实生活中，和王军一样的人随处可见，他们的心眼儿比针鼻儿还小，说话做事犹豫不决、胡乱猜疑、斤斤计较、纠缠不休。对待他人既不宽容，也不谦让；对自己则宽宏大量，决不吃亏。

这些人往往在别人获得成功的时候感到苦恼，在自己遇到挫折时把责任推给他人，貌似坚强，实则卑微脆弱，不相信别人，更难以得到别人的信任。如此行事，怎么能与人和睦相处呢？又怎么能够聚拢自己的人脉呢？朋友数量也会少得可怜。这种人说到底，就是缺少格局，心中只能装得下自己。一个心中装不下朋友的人，又怎么能赢得朋友的信赖呢？

人在社会中，要与各色的人物交往，要取舍各种利害，如果心里装不下事，格局不够大，很难包容别人的过失，对自己的得失也会斤斤计较。这会给自己正常的人际交往带来巨大的障碍。许多有才华的人为什么事业做不大，就是因为胸怀不够宽广。进一步说，一个人胸怀的大小与其生活的环境有密切的关系，整天与一些喜好算计的人为伍，心里总防着被算计或者算计别人就是一种生活常态；整天与一群愤世嫉俗的人为伴，眼睛看到的都是阴暗的见不得人的东西，也就很难打开心门接纳别人。相反，多与有素质的、全部心思用在干事业上的人交往，心里就会很阳光，会看淡利益得失，会看到人生大势。

所以，你想交多高层次的朋友，就要有多大的肚量，肚量是一种格局，一种成功的性格，也是吸引人脉的磁石。它会为你带来更多好运，也会让你免受伤害，还会为你拔高人生的高度。

人脉点拨： 做人一定要大度，论语讲：“君子之道，忠恕而已矣。己所不欲，勿施于人。我不欲人之加诸我也，吾亦欲无加诸人。”

聪明也可能坏事

俗话说得好，“真人不露相”，能力越高的人，修养也就越高，见闻也就越多，为人也就越谦虚谨慎，不会在别人面前炫耀和卖弄自己，会把自己的聪明才智隐藏起来，默默寻求发展的机会。这种人在一个不被别人注意的角落留意观察别人，而自己的心思却不容易被人觉察到，而且还会借鉴别人的可取之处。

在《阿甘正传》这部美国励志电影中，阿甘是一个典型的“弱智”，他头脑极其简单，想问题单一，没有理想。当一群小朋友要欺负他的时候，他的女朋友告诉他，快跑，单纯的阿甘就一路狂奔，速度比他人要快许多。

在打橄榄球的时候，教练告诉他，拿着球快跑就可以了。结果，他出人意料地赢得了比赛。在战场上，他的长官告诉他，当你遇到危险的时候，只管快跑。这样，单纯的阿甘逃过了小朋友的欺负，跑到了大学的校园，跑成了一个国家英雄。

在现实社会中，我们都乐意和单纯的人交往，觉得他们没有心机、没有算计、没有诡计，和他们在一起会让人觉得轻松、惬意，不需要费尽心思去猜想对方到底在想什么。而和那些精明的人交往会感到心累，每时每刻都需要提防，处处要警惕，他们自然也就很难得到他人的信任。

从心理学角度讲，人们也不喜欢与过于精明的人交往。为什么？怕被算计呀！这样精明的结果，只能以自己成为孤家寡人而告终。所以，人太聪明了朋友就少。乐于助人是获得朋友的前提。凡事先为自己打算，时时处处唯恐自己吃亏，这样的人，谁敢与之交往？真正的智者决不卖弄小聪明，他们懂得生活的真谛，能够把握做人的原则。过于精明的人往往又重小利而忽视大利，斤斤计较却不知轻重，机关算尽而本末倒置，弄得人人退而避之、敬而远之，难道不是最愚蠢的吗？

有句老话叫“知易行难”，懂得道理很容易，付诸行动却很难。聪明人喜欢“眉头一皱计上心来”的潇洒，但是，他们往往只限于“头脑风暴”，而不善于与人打交道，刚愎自用，结果是聪明反被聪明误。

历史上的周瑜何等聪明，结局却是悲剧。在现代企业管理中，无数次商场上的起起落落，似乎都证明了这个朴素的真理：很多人，他们有着最聪明的头脑，有着最敏锐的商业嗅觉，一拍脑子点子就来……但是，有了这些素质的人，往往不是最后的成功者。这是一个很奇怪的现象，事实却真的如此。

聪明人机会是很多的，可是往往定力不够，最后一个个栽倒在某个美丽的陷阱里。他们很容易自负、浮躁、急于求成，在变来变去中，连自己也搞不清是怎么回事了。

聪明本不是坏东西，但它可能坏事，它只是初步的，我们必须通过实践去把聪明转变成智慧，因为智慧而促进实践，在智慧的基础上行动，才能够事半功倍。转变的前提是，你必须身体力行才可以。

当然，聪明不是错，更不是罪，关键是要聪明地利用好自己的聪明，这样，才能为自己的人生锦上添花，而不会让它成为美丽的包袱。

人脉点拨：一个人要获得幸福，就不能过于聪明，又不能太傻。这种介于聪明和傻之间的状态，就叫作“生活的智慧”。

君子风范长出息

人活着就是要做事。做什么事，取决于你的能力和水平。现代社会，分工很明确：农民是种地的，老板是做生意的，工厂是做商品的，司机是搞运输的，教师是教育孩子的………

所以，给自己定位很重要，做好自己分内的事。做出来的事，要漂亮，要大气，要经得起考验！

什么是大气？大气，是一个人的气质或风度，是一个人内心世界的一种外在表现，是一个人综合素质散发出的一种无形的力量。具体地说，大气，就是拿得起放得下，说话办事干脆利落，具有君子风范。

大气体现在人性中，是博大的胸怀，具有不与小人斤斤计较的雅量；大气体现在行动上，是坦荡豪放，不瞻前顾后，不怯懦畏缩；大气体现在心理上，是豁达开朗，不卑不亢，阳光乐观。

一个人的大气，主要表现在对人、对事、对己三个方面：

其一，对人要宽容，不要耿耿于怀。

待人豁达大度、胸怀宽广，这是一个人具有良好修养的外在表现。古人曰：“君子要忍人所不能忍，容人所不能容，处人所不能处。”同事间，要善于沟通，珍惜缘分，互相帮助，互相配合，以诚相待，见贤思齐，在共同目标下求合作，在相互合作中求合力，在相互信任中求发展。敌人往往是自己树立的，历史上的成功人士则都具有化敌为友的本事，容人、识人、用人的胸怀和雅量着实令人钦佩。春秋五霸之首的齐桓公、唐太宗李世民都是具有大气风范的人。

其二，对己要豁达，不要钻牛角尖。

一个人，生活在现实社会中，吃亏、受委屈、想不通是常有的事。别人出言不逊轻慢了你，领导办事不公伤害了你，朋友举止言谈没给你面子，这都算不得什么，都要豁达以对，淡然处之。倘若整天围着自己那点儿小九九打转转，时时算计自个儿的利害得失，甚至以一己得与失作为好与坏、喜与忧的标准，心胸如此狭窄，怎么能成大器?

其三，对事要超脱，不要纠缠不清。

人的一生，碰到的事太多了。几乎眼睛一闭、一睁，碰到的都是事。猝不及防的打击，始料未及的挫折，从天而降的好处，唾手可得的利益，随时可能发生。事无论大小、好坏，都不要太在意、太当回事。切莫一见好事就喜形于色，乐颠颠兴奋得不得了，一遇坏事就愁眉苦脸，霜打茄子一样蔫头耷脑。遇事不敢担当，怎么能成大器?

做人要大气，就不能只着眼于现在，而应该站在巨人的肩膀上看问题，如果没有巨人，那就只能尽自己的可能使自己站在制高点上，这样才能看得更高，做事才能更有远见。

经常听到的一句话是“文人相轻”。为什么？其根源都在于少部分文人的心胸不广、自恃其才。怎样改变文人相轻的状态，还是要回到一点上，做人要大气，要有大胸怀，而不是“你嘲讽我，我讥笑你”，真正地低下头来，谦虚地学习，互相真诚地相助，促进双方共同提高。唐代的大诗人李白就给我们做了一个很好的典范，面对黄鹤楼的美丽景色，李白就要诗意大发、挥笔运毫之际，抬头看到崔颢一首《黄鹤楼》：“昔人已乘黄鹤去，此地空余黄鹤楼。

黄鹤一去不复返，白云千载空悠悠。晴川历历汉阳树，芳草萋萋鹦鹉洲。日暮乡关何处是，烟波江上使人愁。”立马伫笔，题写道：“眼前有景道不得，崔颢题诗在上头。”瞧，这就是李白的大气。

做人要大气，这既是一种品格，也是一种境界。大气的人生，什么时候都会是光风霁月、阳光明媚；不大气的人生，什么时候都是愁眉苦脸、忧忧戚戚，这样活着实在猥琐。因此，老子讲：“人法地，地法天，天法道，道法自然。”我们做人，同样也要有一颗海纳百川、泰山不让其土的胸怀，欣赏他人，容纳他人，正确认识自己，既不自高自大，也不妄自菲薄，以低下头来的心胸成就自己。

人脉点拨：大气之人，敢于正视自己与他人的差异，承认自己的不足，认识自己的局限性，能够以大器量接受来自各个方面的批评，从而不会上演坐井观天、夜郎自大的笑话。

看淡得失

一个人格局大了，未来的路才能宽；一个人的发展若受限，往往就是太小气所招致的。小气有双重意思：其一是吝啬，如遇到别人借自己东西推三阻四者；其二是没气度，如遇到一点事就耿耿于怀者、一次话不投机就气愤不已者等。归纳一下就是小气有两种性质：一是物质，二是性格。

物质上的小气不值得大加探讨，因为无意义。对物质的小气不能都是贬义，有时也能说明一个人对那件东西的珍惜和珍爱。如有人来找你借书，可是你知道那个人从来不读书，也看不懂书，那你担心他借回去会乱抹乱画，或撕去内容，为了保护书，你说借给了别人，或是自己没有看完。这样的小气应该可以理解，毕竟是别人的恶习引出了你的小气，怪你的话那是错误的。

像这种借东西的事说归说，不是替小气打掩护，但做人在物质上还是要大气一点。中国人喜欢群居，免不了有求人之事，你大气了别人才会对你大气。

对一个人来说，最致命的要数性格上的小气。和一个人谈话，便可以知晓他的小气程度。一次，小赵和几个朋友一起喝酒，桌上有位之前认识、但后来很少走动的朋友，小赵敬酒的时候疏忽了他，此人立马不悦，与其说话爱答不理的，跟其喝酒推说喝足了，不想喝了。那这种人就是一种典型的小气之人。

朋友见势不妙，赶紧打圆场，好说歹说算是安抚了下来。那人出去上厕所之际，屋内的几个人纷纷说他做人太小气，不能成大事。果然，后来他做生意赔了一大笔，究其原因，还是性格小气。他和一个伙伴一起去谈一笔生意，结果为了一些鸡毛蒜皮的事两人在路上吵了起来，耽误了签合同的时机，一大堆购进的货砸在了手里。

性格上的小气往往就是不能容忍别人犯的一丁点错误，你错了，小气的人就会记住很久。只能是他错，而别人不能错。这样的处世性格，怎么能成大事的。成大事者往往不拘小节、顾全大局，没听说历史上有小气之人成了大事的。如《三国演义》里的周瑜小气得容不得别人比他好而连连失策；而刘备则大度地屈尊三顾茅庐，得到了天下第一智囊军师。这些历史故事更是充分证实了做人不能太小气，多一些包容多一些宽恕，你也许就能一步跨入成功之门。“忍一时风平浪静，退一步海阔天空！”确实有很深的道理在里面呢。

那怎么做才不算小气？至少有啥说啥比较好，起码让人对你放心，不用拐弯抹角地猜测你。说话藏着掖着，暗地里总想着别人的不对和错误，这样的人叫小气。不过，小气之人往往会被自己的小气气到，轻者浑浑噩噩几天，重者气火攻心。所以说为了自己不生气就要对任何人不小气，这是对自己身体负责，也是对他人的一种尊重！

人脉点拨：得与失都是一样的，有得就有失，得就是失，失就是得。一个人的最高境界，应该是无得无失！但人们却常常患得患失，未得患得，既得患失！做人太小气了，你的心就会像钟摆一样，得失，得失，就这么不停摇摆着，非常痛苦……

不能改造环境，那就改造自己

人的一生漫长而遥远，在漫长的人生中，我们会结识许许多多的人，会经历许许多多的事。其中有无法言说的感动，有发自内心的感激，也有不可避免的艰难困苦和委屈无奈，无论遇见什么，我们一定要拥有一颗宽容而真诚的心。

有一次，小郝的公司组织员工旅行。因为很多人都是在车上吃早餐，而且早餐都喝了豆浆和牛奶。结果，车子在高速上，很多人嚷嚷着要上洗手间，司机没办法，只得绕道下高速，解决大家的生理问题。

这一耽误，到达景区时，就比预定时间晚了一个小时。到达时已经快中午了，天气特别热，于是在整个游览过程中，众人就听到旁边的一个女子不停地抱怨：这些人真是的，高速上要上厕所，真是有病，搞得现在热得要死！

坐船要排队，她又开始嘀咕：这么大个景区，不知道多弄几条船啊，这么热的天儿让人排队，给它差评！

其实，在平时的工作中，她就是一个特别爱较真的人。只要是她看到的世界不完美，就会大加吐槽，还要掺杂个人的各种情感，搞得大家都很不自在。与这样的人出游，即使欣赏的是美景，又怎么能有好心情呢？

更让同行的人受不了的是，在中午吃饭的时候，看着一桌子的当地特色菜，她又开始不满：这谁点的菜啊，不知道照顾一下不同地方的人的口味吗？这么清淡，让那些嗜辣的人怎么办？

这样的负能量，估计很多人都避之不及。有一位员工的家属私下问其他人：此人在公司是不是很难与人相处。瞧，大家的观感都是一样的——从一个聚会上微不足道的小细节，就可以窥探到她是一个处处不容人的人。

如果一个人不改造自己的内心，那么他在一个环境中就不会受欢迎，即使换一个环境，结果依然是一样的。这也可以用来解释，有的人因为刻薄、挑剔，和同事、朋友相处不来，于是换一份工作，结果还是会出现同样的问题。不是别人难相处，是自己太没有包容心。

用宽容的眼光看世界，事业、家庭和友谊才能稳固和长久。夫妻间除了要有爱情、有信任，还要有宽容，总是为小事斤斤计较，就不可能白头偕老；朋友间没有了宽容就会失去友谊，因为宽容是友谊的题中之义。领导宽容，就可以使近者悦远者来，天下归心。能宽容，就能发展壮大。既然"月亮脸上也长满雀斑"，我们又何必去苛责别人的缺陷；社会是一张彼此联系的人际网络，无人能独自成功，因此我们无论何时都要记得去体谅身边之人；孩子的成长必须有一片宽容的绿荫，而避免因苛责所导致的苦果；二人世界必须有宽容做基础，而能品尝婚姻的幸福。宽容别人就等于宽容自己，宽容的同时，也创造生命的美丽。

人脉点拨：月有阴晴，人有善恶，自然界有很多事物都不是我们人力所能为的。我们不可能改造世界，我们也不可能改造别人，我们能改造的只有我们自己的心态，以及我们对待世界、对待周边人的一种宽容的处世哲学。

跟上社会节奏，别把自己锁起来

自我封闭最大的缺陷是思维的局限性，主观的狭窄与固执，实践的缓慢与守旧，力量的不足，凝聚力的缺乏，目标的不明确，等等。通常别人封锁你是锁不住的，但自己一锁便把自己锁定了。

太封闭自己，就显得没有见识，格局不大。30多年前，家有一辆凤凰牌自行车的人，三更半夜也骑着车全城乱转，目的是想显示一下凤凰车的价值。今天，你开个30万的车，人家未必会多看你一眼。而你非要开出300万车的感觉，就显得没见识。

过去，很多成功人士早年、青年都属于三无状态：一无背景，不是什么“二代”；二无权势，与常人一样求学、求职，到处奔波；三无贵人点拨提携，靠自己闯荡出一片天地。但现在不同了，这是一个互联网的时代，不再是那个骑个凤凰牌自行车就可以到处炫耀的年代了。你与社会脱节一个月，你的见识与格局就会哗哗地往下“掉”一大截。

今天，谁也不愿意被封闭起来。否则，你没办法与这个社会互动，没办法跟上社会的节奏，这会给你的生活、工作带来诸多障碍。

有一次，一桌子人一起吃饭，几道菜后，又上了一道田螺，带壳的那种。大家都兴致盎然地准备开吃，从来没尝试过的，也会一脸惊喜地问：“哇，这个好有趣，怎么吃?”

这时，一个很不和谐的声音响起来：“咦，好恶心，你们怎么吃得下去!”一位女士说着，还做出呕吐状，表情很难看。已经吃到嘴里的，不免有几分尴尬，还没往嘴里送的，忍不住停顿了下来，还没伸筷子的，也改夹了别的菜。

不一会儿，有人出于好意，对她说：“你尝尝，真的挺好吃的。”其他人也附和：“真的，你尝一下吧。”

她把头摇得像拨浪鼓，撇着嘴说：“看着就恶心，我一辈子也不会吃这种玩意儿!”一句话说得大家好不尴尬。那一顿饭，她没有吃一个田螺，而且不仅是田螺，其他菜她也没动筷子。

身边的朋友特别奇怪，问她为什么连汤也不喝一点。她说，不知道为什么，一看到那个田螺，自己吃啥都没有胃口了。

饭后，她打电话的时候，使用的是老人机。朋友很奇怪地问她：“你怎么还用这样的老古董?”她说，智能手机好复杂，懒得学。原来，她从不玩微信，也不上网购物，怪不得席间很难和别人谈到一个频道上。她看上去很年轻，却完全就是一个活在套子里的人。很多新鲜的事物她都拒绝尝试，别人尝试了，她还各种看不惯。

你看，从吃饭这件小事上，就挖出了一个故步自封的人。

一个人自闭，与社会脱节，后果往往比自己想象的更严重。最简单的一个例子，就是别人不用多想就能自然而然处理的事情，你必须要提前考虑许久，什么习惯与直觉都用不上。

太过封闭自己，就算简单地逛超市，你也可能经常会紧张得忘找钱，还买错东西，到家时才发现自己想买牛奶，不知怎么手里是豆浆。全是匪夷所思的低级错误。在人际交往中，你会变得太敏感，放不开自己，且又与大家鲜有共同话题，所以，你很难用自然而然的眼神和坦荡的表现面对眼前的人。如此，只要有你在场，就可能随时出现冷场与尴尬，再谈什么格局、格调，就显得多余了。

所以，做人要上得了台面，先要多接触社会。在一个行业待久了，就要多与一些行业外的人交往；在一个地方待久了，就多到其他地方走一走；一种生活状态或工作方法维持久了，就要做出新的尝试与改变。

人脉点拨：自我封闭的后果比你想象的严重。宅久了，就很难与人交流，好像跟社会脱节一样，关键是，整个人的精神状态很不好，还是多出门晒晒太阳、看看风景吧。

让人感受到你的尊严

有个老外，在中国待了10多年，中国话说得呱呱溜。有一天，有中国朋友去他家做客，被留下来吃饭。

老外问："要不要喝点酒？"

中国朋友说："不喝不喝。"

老外说："不要就算了，那我只好一个人喝了。"

坐下来吃饭时，中国朋友只吃饭菜，老外一杯接一杯喝酒，喝着喝着，中国朋友憋不住了，说："你别光顾一个人喝呀，我陪你喝几杯吧。"

老外不解："你刚才明明说过不喝的呀。"

中国朋友急了："你看你这个人这么实在，给你根棒槌你就当针。我那不是跟你客气几句吗？你再劝我两句我不就喝了！"

老外心里很委屈：你不说清楚，还假客气，再说你回去还要开车，我怎么知道你是不是在装？

老外就这样得罪了中国朋友，落下个小气鬼的名声。后来，他逢人便解释：你们中国人，怎么说话那么假？明明要这样，你这样做，他又不干。

是这个中国朋友做人太假！还是老外太实在？都不是。中国朋友可能觉得，你一让我就喝，显得没有格局、太贪杯，你总要让我三五回我再喝，面子上也好看。老外也会觉得，我是真心让你喝酒，你执意不喝，我使劲让，显得我没有格局。既然要尊重你的意思，那我只能一个人喝了。

一个在装，一个在客套，面子上虽好看，但心里都有怨言。其实都是因为格局不够。如果老外懂中国人酒桌上的格局，那必须要再让一让，如此，他不喝，要么是真的不能喝，要么就是摆谱。如果中国朋友懂老外喝酒的格局，那他让的时候，想喝就要端杯，不喝事后也别磨叽，磨磨叽叽，显得更没格局。

所以，做人的格局在不同的场合、不同的人群之间，有不同的定义。你有点能耐，是个人物，大家高看你一眼，你在家人、亲戚面前依然要摆出"格局"，那就是摆谱，谁看得惯？如果在公司与下属嬉笑怒骂，该说的不该说的，一概不讲究，那别人就看不到你应有的尊严。

经常见到有人创业后，赚了一些钱，一见到老朋友格局就出来了，让人感受不到昔日同窗的心理距离。而且事后他还会拿格局说事，某某还是老格局。不是对方没有格局，是你的格局太大。他没摆谱，是尊重你，是念旧情。你有了成绩，也未见他对老娘老爹嚷嚷：怎么这么多年了，还是老样子，格局哪儿去了？

格局是做给自己的，谱是摆给人看的。你有没有格局，格局有多大，通过一两次交往，人家就能感受得到。你或许会说，我这个人格局大，做人坦坦荡荡，不抽烟不喝酒，也没这个习惯，从不做场面上要求我做的事情，有钱就是有钱，没钱就是没钱。别以为这就是格局，一定要说格局，那也只是独行侠的格局，否则，原则性太强，撞塌南墙你也不知道什么是格局。

没有格局的人，很难立足于社会，有了格局，又端着格局不懂放下的人同样如此。人际交往，你能把话说得让人舒服了，能把事情办得漂亮了，你的格局就出来了。所以，从这个层面讲，格局是一个人说话办事的魂，看不见、摸不着，却能带给人强大的隐性力量，让人感受到它的磁力。

人脉点拨：与人交往，在变幻莫测的心理博弈中，一可以是一，但二不一定是二，不懂变通，“格局”处处有，没有也要装出来，看似很在意场面，其实很难让人感受到你的尊严。

人要务实，少数场合需要务虚

为人处世，务实是一种好品格，但它未必实用。即使是关系国计民生的经济，也有虚拟经济一说。现在，干实体的经常抱怨生意越来越难做，为什么难？就是因为在互联网时代，做事太一根筋，不懂变通，不懂得利用网络，也让自己“虚”起来。

在人际交往中，每个人都似社会中的商品一样，大家交往的基础是交换，即价值与资源的交换。你是个普通人，有机会交上一个富朋友，那一定是你们之间有交换存在，你可能为他带来某种价值，可能为他带来某种资源。这是实实在在的利益交换，这种交换可以维系你们之间的关系。当这种交换不存在时，你们之间的关系也就形同空中楼阁。

除此之外，人与人交往更多的是建立在务虚的基础之上的。像什么论坛、聚会、饭局等，都是务虚的纽带，它可以把不同兴趣、专业、圈子的人联系起来。

在各种务虚会上吃不开，办实事的时候，你就没有话语权。所以，务虚最终也是为了务实。所以，该做看客的时候，要懂得给人喝彩，懂得叫好，懂得给人搭台。该上台的时候，也要入戏，入戏深浅要拿捏得当。让整台戏演得有声有色，还有内容，事后大家就会记住你，给你增加一个印象分。如此，你也就提升了自己的声望与影响力。之后求个人办个事，大家也会照顾你的面子。

如果不会务虚，不懂做场面，做人太实诚，就是十足的“不懂事理”了。一个人不懂事理，那也就没有什么好相处的，自然，也就容易被人忽视或轻视。有一次，听说一个新职员酒量不错，人也挺会说话，老板便带他去陪客户吃饭。席间，两杯酒下肚，这个职员就把话匣子打开了，开始还能烘托下场面，接下来，不是劝这个喝，就是敬那个，把老板晾在一边。客户一见便不想与他再碰杯。他不识局，在大家要谈正题的时候，却举着杯一口气嘟嘟了10分钟，大家就听他一个人在讲，最后还来了一句“我代表……”事后，生意没谈成，还被老板骂。

许多时候，不懂得务虚，吃不透身边的规则与潜规则，便无法和大家共同圆一个完满的场面，无法展示自己在人情世故中成熟的一面，这样的人，别人也许不讨厌你，但是很难从心里接纳你。试想，公司要与客户谈一个项目，要不要派一个不懂变通的人去？老板参加一个饭局，会不会带一个老实巴交，半天说不出一句话的人同往？即使谈恋爱，你不懂务虚，也很难挽留一份感情。

所以，不管与什么人交往，该务虚时也要务虚。那些只盯住眼前那一小块天地不放的人，往往总是自认为最现实、最实际的人，而且他们认为谈理想、讲精神的都是一些不务实、不踏实的人，正所谓坐井观天、一叶障目。当你把看不顺的人与事看顺了，在虚实之间，能够与各种人物建立起和谐的关系时，那你身处的整个环境也就跟着改善了。

人脉点拨： 虚和实，好比一个人的左脸与右脸，一个正常的人不能只有左脸而没有右脸，反之亦然，所以缺少任何一边都不能形成一张完整的脸，更不可能有一张漂亮完美的脸。

第五章

尊重任何人
——放低姿态，才能突破人际瓶颈

水至清则无鱼，人至察则无徒。心气很高，难养大鱼。所谓海纳百川，有容乃大。想把事干大，必须宽容、随和、亲和，像大海一样兼收并蓄、深不可测的才叫海，一眼望到底的是脸盆子，一点点的污渍就能搞浑。大海则不怕。因此，看一个人怎么对待小人物，是否尊重小人物，就知道他是不是大人物。

有时候柔韧更有力量

老子说:“天下之至柔，驰骋天下之至坚。”意思是只有天下最柔的东西，才能穿透天下最坚硬的东西。因为在最柔弱的东西里面，蓄积着一股人们看不见的巨大力量，使最坚强的东西也无法抵挡。

有一次，著名教育家陶行知在校园里看到男生李新用泥块砸本班同学，当即斥责并责令他放学后到校长室。无疑，陶行知要好好教育这个顽皮的学生。

放学以后，陶行知见李新站在校长室准备挨训，便掏出一块糖果给他，“这是奖给你的，因为你按时到这里，我却迟到了”。李新惊疑地接过糖果。

随之，陶行知又掏出第二块糖果送给他：“这也是奖给你的，因为当我不让你再打人时，你立即住手了，说明你尊重我，应该奖给你。”李新更惊疑了，眼睛睁得大大的。

接着陶行知又掏出第三块糖果塞到李新手里：“我调查过了，你用泥块砸那些男生，是因为他们不守游戏规则，欺负女生，你砸他们，说明你正直善良，且有跟坏人作斗争的勇气，应该奖励你啊!”李新感动极了。

他流着泪后悔地说：“陶……陶校长，你……打我两下吧！我错了。我砸的不是坏人，而是自己的同学呀！……”

陶行知满意地笑了，随即掏出第四块糖果递过来，“为你正确地认识错误，我再奖你一块糖果，可惜只有这一块糖了，我的糖送完了。我们的谈话也该结束了吧!”说完就走出了校长室。

这是多么精彩的一段对话呀!

从这个故事中我们看到，在教育别人的时候也要讲究方法。你声嘶力竭地呵斥与痛骂，会使他们的“大衣裹得更紧”；采用和风细雨式的教育方法，你会轻而易举地让他们“脱掉大衣”，达到你的教育目的，收到更好的教育效果。

有些自作聪明者，往往盲目自信，以为以刚克刚，无往而不胜。大家知道，做人办事不能简单粗暴，而应学会从大处着眼，以柔克刚。尤其当你具有一定的身份与地位时，说话办事一定要懂得“柔术”。

不必要的硬碰硬只能换来更大的损失。中国传统武术中的太极拳，讲究的便是以柔克刚、借力打力。刚者横冲直撞，而柔者只需轻轻一带，便能将蛮力化解。

牙齿是坚硬的，成日以硬磨硬，却只有掉光的下场。舌头虽柔软，却可以完好无损，就在于其柔可以安身立命，可以在坚硬的牙齿之中绕转。

水是最柔的东西，它却能够穿山透地、滴水穿石，洪水还可以使房倒屋塌，树木被推倒，它们像是什么都不存在似的进出于没有空隙的物体之中。

很多时候，人都不畏惧别人的强硬，却有抵抗不了的温柔。在这变幻的世界之中，想要长久地安身立命，定要学会与人为善、以柔克刚，多动之以情、晓之以理，这样才能惠人惠己。

人脉点拨：要把自己变成水，可以被装进任何容器。为人处世，刚柔相济才能挺立，才能自立自强。在大是大非面前，在人生难行的地段，在名利场中，在人际的是非面前，退让一下有何不好?

礼貌造就人，坦然放下你的傲慢

人的内心都渴望得到他人的尊重，但也只有你先尊重了他人，才能赢得尊重。常言道：送花的人周围都是鲜花，种刺的人身边都是荆棘。越是位重权高的人，越注重礼仪修养，因为彬彬有礼在其为人处世中占有很重要的位置。你可以没文化、没关系、没长相，但与人交往时，万万不可没有“礼”。有礼有节向来是一个人有教养的标志。

所以，任何时候都不要吝啬你的“礼”，先尊重身边的每一个人，因为尊重别人就是尊重自己。

高某是一家公司的高层领导，与一些客户或员工交流时，他总是坐着不动，而且会跷着二郎腿，还经常边说话，边手里鼓捣一些东西，一副心不在焉的样子。但是，他在上级领导面前，却知道怎么做更得体，生怕给人留下不好的印象。

自己当“老大”的时候，不知“礼”为何物，只许别人对己有“礼”，不在乎自己对他人是否有“礼”。这就是一种傲慢。一个傲慢的上司，工作中很难赢得下属的好感，生活中，也会让人敬而远之。

礼貌造就人。世界上没有人不受礼节的感染。要想完善自我、追求卓越，在人际交往中顺风顺水，就必须要懂得施礼。有“礼”之人会注意形象，有教养、不树敌、言谈举止诚恳谦和、待人接物大方得体。在做人时塑造出良好的形象，让人感到舒服，做事时也会得到更多帮衬。否则，把自己端得高高的，不能对身边的人平等地施以礼貌，必然会被扣上“不合群”“没教养”的帽子。

王先生曾是一家公司的副总，一年前刚刚退休。退休后的生活略显寂寞与孤独，为了让自己过得更充实一点，他时常会参加一些社交活动。一次，他参加了小区老年秧歌队，队里的一些人也知道王先生之前是一家公司的副总。大家口口相传，都把他当个人物来看待，有人还提议让他来做秧歌队队长。

起初，王先生表现得很低调，对谁都彬彬有礼，时常与大家有说有笑。做了秧歌队队长后，老领导的感觉又找回来了。感觉一旦回来了，便像换了一个人似的。他今天看这个顺眼多搭几句腔，看那个不顺眼就爱理不理。结果他与大家的距离越拉越大，不是和这个闹不愉快，就是和那个产生小摩擦，最后只好退出秧歌队。他说，这群老头老太太没有素质，玩不到一块儿去。大家却说，他这个人太傲慢了，和他玩不到一块儿。

孔子说：“不学礼，何以立?”孔子的所谓礼，并不是单指礼貌而言，但是礼貌必在其中，这是可以肯定的。言语行动、音容笑貌，都要注意，文质彬彬，礼多人不怪。

人脉点拨：孟子有云：“爱人者，人恒爱之;敬人者，人恒敬之。”一个人在与别人交往中，如果能很好地理解别人、尊重别人，那么他一定会得到别人百倍的理解和尊重。你尊重别人，并不是因为别人优秀，而是因为你很优秀！优秀的人更懂得尊重别人。

本事不大，脾气就不要太大

平时，很多人在遇到坎坷时会扪心自问：我的事业好不好，家庭好不好，孩子好不好，姻缘好不好……正如马云所说，“人只要脾气好，凡事就会好”。

谁没有觉得压抑的时候、感到受伤的时候、吃干醋的时候？所谓脾气好的人，就是有能力处理自己的负面情绪，反思、消化以后，再去理智地面对，通过沟通解决问题，而不是发脾气摔东西，或者直接找个树洞、沙袋发泄，发泄完了，觉得自己真是个小心眼的人。

而脾气坏的人，就是把负面情绪不加任何处理，简单粗暴地投掷给身边的人，或者说，他根本是懒得处理，觉得爱自己的人就有义务充当沙袋，你有一丁点儿错，我就要发天大的脾气。其实，这是自私，是为自己想得太多，为对方想得太少。

国学大师南怀瑾先生的《论语别裁》中关于脾气的文字，十分精彩有趣：上等人有本事没脾气，中等人有本事有脾气，下等人没本事有脾气。以本事将人分高下，早已有之，但从脾气维度来品评人物，则真是别出心裁，足见脾气与人的雅俗高下颇有关系。心理学家则更细致地从脾气上把人划分成四等，依次排为：有本事没脾气，有本事有脾气，没本事没脾气，没本事有脾气。

生活中，大多数人属于第二等人，有本事，有个性，也有脾气。有的人貌似第一等人，平时基本不发脾气，但一旦发起脾气来却更吓人。这说明他还是有脾气的，只是一直在忍而已。忍对身体不利，要么把火发出来，要么争取做第一等人。第二等人有一部分会慢慢变成第一等人，豁达了，也就没那么急躁了。而第三等人却经常会蜕变成第四等人，没本事的人被生活压力所折磨，渐渐就有脾气了！细心观察，你肯定会发现，自己的朋友、同事也主要是由这四种人组成的。多与第一种人相处，往往本事见长、脾气变小。

人的能力是有限的，一个人的成功离不开大家的帮助、环境条件的支持。做人一定要谦虚，你只有谦虚做人，才能学到更多的知识，要保持一种空杯心态，只有把自己的杯子倒空，你才能装回更多的东西。越是有本事的人对他人反而十分友好，你见过哪位高级领导人随便发脾气？你见过哪位院士对人讲粗话吗？肯定没有，因为他们有知识有水平有能力，总之是有本事。

如果以为有本事了，就可以发脾气，那就大错特错了。你升官发财，有文凭，这些可以算本事，算有两下子，这是好事，但不可以认为，这是自己单方面努力的结果。越是有本事的人，越会想到别人为自己做出的努力和牺牲。正如《十五的月亮》那首歌中唱的那样："丰收果里，有你的甘甜，也有我的甘甜；军功章啊，有我的一半，也有你的一半。"

每当你要耍脾气的时候，就要想一想，伤害了那"一半"，这"一半"还有什么可值得炫耀的呢？不过，一般好耍脾气的人，其实属于没有本事的人，在他的心目中，本事就是资本，有了资本就有了身价。

别让人生输给了心情。无论你有多么聪明、多么富有、多有权势，永远不要让脾气大于本事——如果你是对的，你没必要发脾气；如果你是错的，你没资格去发脾气。

人脉点拨：不要随意发脾气，谁都不欠你的。过去的事可以不忘记，但一定要放下。你没那么多观众，别那么累。你永远没你想象的那么重要。慢慢说，但要迅速地想。生活中有很多不公平，别抱怨，因为没有用。不要以为生活亏欠了你，其实是你努力得还不够。

当心在成绩面前放大自己

无论你取得过怎样骄人的成绩，都不要自以为是，更不要以为天下人都会因此而高看你。真正有大才能的人，往往虚怀若谷、行事低调；只有小有才能的人才恃才傲物、趾高气扬，他们想通过傲慢和张扬来满足自己的虚荣心。

有一次，一位稍有名气的娱乐明星被一位记者问“你是谁”后感觉很没面子，当众含沙射影地发了一堆牢骚。那意思是，我都这么有名气了，你竟问出这么低级的问题，我对你说什么好呢！记者骂也不是，正面回答也不是，只能用另类的方式表达一下不快。

其实，明星那么多，人们怎会都记得？当许多人走在大街上，夺人眼球的一般是奇丑奇俊奇另类者；当许许多多人挤在大街上，即便是奇丑奇俊奇另类者也不大会引人注目；当人们遭遇混乱，达官贵人、平民百姓、贼首豪强统统疲于奔命时，更没有人在意谁，没有谁会被当回事。把自己太当回事，是你把自己看得太重。

别太把自己当回事，实际一点，实在一点，实用一点，别人就会把你当回事，因为人们真正喜欢并拥戴的不是虚头巴脑的所谓名人，而是实实在在做事的人。

真想把自己当回事，就得真有实力，就得真俯下身子做真事。真想把自己当回事，也没必要刻意包装自己，谁还不知道谁那两下子？打个什么官腔，用个什么名牌，摆个什么架子，装个什么模样，多累！又没几个人在意你！

著名表演艺术家英若诚曾讲过一个故事。他生长在一个大家庭中，每次吃饭都是几十个人坐在大餐厅中一起吃。有一次，他突发奇想，决定跟大家开个玩笑，吃饭前，他把自己藏在饭厅内一个不被注意的柜子中，想等到大家遍寻不着时再跳出来。尴尬的是：大家丝毫没有注意到他的缺席，酒足饭饱，大家离去，他才蔫蔫地走出来吃了些残汤剩菜。从那以后，他就告诉自己：永远不要把自己看得太重要，否则就会大失所望。

事实上，一个人的轻与重、贵与贱，绝不是自己能订下标准的。平静谦和，不事张扬，才是最重的分量。不要试图靠自己的权势、名誉、富贵来吸引人们对你的关注，也许别人会关注你，但关注的绝不会是你本人。但凡不可一世过分显摆的人，一旦失势，人们会像躲避瘟疫一样远离他。

做人一定要谦虚谨慎，别以为自己很牛，没有你，照样日升日落、花开花谢、潮起潮落。不把自己看得太重，其实是一种修养、一种风度、一种高尚的境界、一种达观的处世姿态，是心态上的一种成熟，是心智上的一种淡泊。用这种心态做人，可以使自己更健康、更大度；用这种心态做事，可以使生活更轻松、更踏实；用这种心态处世，可以使社会更和谐。

人脉点拨：不要有一点权力就觉得自己是个人物、是个当官的了，就摆官架子、抖官威、打官腔，忘了“自己也是俗人”。其实离开了这个平台，你什么都不是！所以一个人要想获得广阔的发展天地，千万别把自己太当回事。

当不了主角，就演好最佳配角

只有和优秀的人在一起，你才能知道自己的分量与位置。很多时候，如果你身边的人很优秀，你所处的团队很棒，那你不一定非要通过争“头牌”来证明你的价值。就像许多优秀的大学生，在进入清华、北大之前，他们是学霸、是佼佼者，但是山外有山、楼外有楼，在一个更大平台与环境中，不一定是第一，是最优秀的，但这并不妨碍他们做最好的自己，哪怕只是演个配角。

生活中几乎没有人能够坦坦荡荡地说出“我愿意做配角”之类的话，尽管它也是必不可少的。在一部电视剧中，主角只有少数几个，配角却有很多。

配角看似不起眼，但并不是每个人都能将它演好。做配角，不仅需要精湛的演技，更需要有过人的胆识、超凡的勇气和坚韧的毅力。当你不可能成为主角时，那么，为何不尽全力将配角演好呢？

众所周知，阿姆斯特朗是第一个登上月球的人，当他踏上月球的那一刻，全世界都在为他欢呼。阿姆斯特朗还说了一句话：“我个人跨出的一小步，是全人类跨出的一大步。”这句话成为当时世界各地家喻户晓的名言。但是，人们几乎把所有的光环都戴在了阿姆斯特朗身上，而忽略了另一位宇航员奥德伦。他也登上了月球，只不过比阿姆斯特朗晚了一点。

后来，在庆祝登陆月球成功的记者招待会中，一个记者突然向奥德伦问了一个很特别的问题：“这次登陆月球的过程中，是阿姆斯特朗先下去的，他是登陆月球的第一人。对此，你会不会觉得有些遗憾?”面对这个有点尴尬的问题，奥德伦并没有慌张，而是很有风度地回答道：“但是大家不要忘了，回到地球时，我可是最先出舱的。所以，我是第一个由别的星球来到地球的人。”听了他的话，在场的人都笑了，给他以热烈的掌声。

毫无疑问，在这次“登陆月球”的大事件中，奥德伦是个配角，但是不得不说他这个配角很精彩，和主角同样受人们尊重。我们可以这样断言：甘当配角，表面上看会失去一些关注度，会被人忽视，长远来看，却更能得到人们的认可。

在香港演艺界有一名演员，一直都在充当配角，在他的演艺生涯里，几乎没有主演过一部电视剧、一部电影。即便如此，他的名声却非常显赫，声誉也极高，只要一提起他的名字，无论是在香港，还是在内地，几乎无人不知。他是谁呢？他就是著名的喜剧演员吴孟达。虽然演的都是配角，但是他靠精湛的演技，吸引了观众的视线，为许多作品增添了不少活力。

人生中，绝大部分时间我们其实就是在充当配角、扮演配角，毕竟主角是有限的，无论是政府机构，还是企业部门，都不可能每个人都去担任一把手、充当主角，更多时候，我们都只能是二把手、三把手、N把手，处在配角的状态。然而这并不影响我们获得成功，因为配角的人生也能辉煌。

人脉点拨：雨果曾经说过：“花的事业是尊贵的，果的事业是甜美的，让我们做叶的事业吧，因为叶的事业是平凡而谦逊的。”假如你是一个演员，哪怕只是一个跑龙套的，也会对剧情产生很大的影响。主角有“最优”，配角同样有“最佳”，二者不可厚此薄彼。

放低自己

在现实生活中，一个人能否取得成功，除了与自身的能力有关，还离不开别人的帮助，要想得到别人的帮助，首先要让别人喜欢自己、欢迎自己。那么一个人如何让别人喜欢和欢迎自己呢？其实很简单，那就是放低自己，抬高别人。

当一个人愿意把自己放低，把别人抬高时，对方就会有一种优越感和安全感，也会为自己创造出成功所需要的必要条件。

周星驰深深地了解这一点，所以他成了演艺圈的常青树！他的每部作品票房之所以高，不是因为他善于演喜剧片，而是因为他是一个“心理学专家”，他懂得真正的成功之道——把别人垫高，把自己放低，让别人有安全感，让别人有快乐，让别人有自信，让别人有希望，这样别人才会喜欢你，才会让你有希望，才会让你顺顺利利地成功。

周星驰演的角色，10 部片子 9 部都是演一个常被嘲笑、被欺辱的人，演一个被人看不起的人，能让所有的人都觉得“我一定会赢过你”，结果周星驰一定会一反弱态、战胜强敌……

人是感情动物，大家更希望看到富豪身上的平民气质，而不是金钱和地位。如果一个人具备和保持这种气质，周围的人就很愿意容纳和接受他。放低自己抬高别人，是一种性格，是一种良好的心态。但是有很多人会问：放低自己，会不会真的使自己变矮？当然不会！放低自己反而会抬高自己的身价。因为懂得放低自己抬高别人的人，往往能受到社会更广泛的承认和人们更普遍的尊重。

刘备为求得千古难遇的人才，三顾茅庐，得诸葛亮忠心耿耿，为了蜀国的发展，鞠躬尽瘁，死而后已；张良为学到失传的兵书，三次起早摸黑去桥边等候，才得到了运筹帷幄、克敌制胜的《太公兵法》。因此，要想让别人喜欢你，就要放下架子，以诚恳平易的心态对待他人，这样才能够为自己打造融洽的人际关系，赢得好人缘。

小河因为放低自己就选择缓缓地流淌，平原之所以扮演平原的角色那是它在放低自己。之所以有那么多人欣赏你、支持你，那是因为你学会放低自己、抬高别人。如果你不具有这种能力，就会有争议、争论、争辩；如同泉水涌现出来。

大海之所以能成为大海，那是因为大小河流愿意融入。之所以有人尊重你，那是因为对方愿意放低自己。只有放低自己才能体现出你对他人的尊重与认可。

人脉点拨：放低自己，就是把自己放在人人平等的氛围中，放弃许多架子，遇事不张扬、不炫耀，让对方感到很舒服、很自在、很优越、很自信……如此，才更受人欢迎。这是做人做事的大智慧。

论傻瓜精神

人有时候是需要难得糊涂的，糊涂不是昏庸，而是豁达大度，拿得起、放得下，不要太执着。这就要求人在生活中想得开、看得开，该糊涂的时候就糊涂。糊涂其实是一种智慧，是一种生活方式，人不是神，谁又能完全驾驭这个世界？所以，人是有局限的，因而人在某些场合就必须顺其自然、装装糊涂。

一群人围着富婆牵着的一条哈士奇议论纷纷，“真是萌呆了，来，拍个照”，“文文，真乖，看上去今天心情不错”，“这一月得破费不少吧”……众人七嘴八舌，还有的冲它挤眉弄眼。富婆一边抚摸文文，一边点头示意，“给王婶乐一个”，“给李叔表演一个”……一个妇人见此情景，乐得合不拢嘴：“哈哈，真是太逗了，它能听懂人话吗？”

“它可比你聪明多了。”有人取笑她。

“你这人怎么这么不会说话！”也有人埋怨她。

她很委屈，明明说了真话，却遭来众人的白眼，人心都是怎么了？

曲意逢迎、溜须拍马，也是当下朋友圈的流行时尚。不懂时尚，看不清风向，哪怕是对一条狗说了实话，也是要冒风险的。但人世间的事，狗又怎么能懂？

在很多场合，人们都是看身份说话的，都在装糊涂。所以，评人论事既要保持理性，也要看场合，谨慎发表与主流意见相左的观点。比如，董事长提了一个建议，大家都觉得不太妥，但还是会附和“还行”，你就不便抬这个杠。有些人不懂这个道理，董事长说“想听大家说真话”，就一股脑儿把自己要说的话全倒出来。大家都听了你的，董事长还是董事长吗？

谁都希望自己是一个非常聪明的人，绝大多数人也都希望能够在众人面前表现出自己的聪明才智，从而得到人们的认可，但聪明与智慧有时候却依赖糊涂才得以体现。

春秋时，楚王大宴群臣，名叫太平宴。大小文武官员，宠姬妃嫔，统统出席，务要尽欢。席间奏乐歌舞，美酒佳肴，饮至黄昏，兴犹未尽。楚王命点烛继续夜宴，还特别叫最宠爱的两位美人许姬和麦姬，轮流向各人敬酒。忽然一阵怪风，吹熄了所有蜡烛，漆黑一团，席上一位官员乘机揩油，摸了许姬的玉手，许姬一甩手，扯断了他的帽带，匆匆回座附耳对楚王说：“刚才有人乘机调戏我，我扯断了他的帽带，赶快叫人点起烛来看看谁没有帽带，就知道是谁了。”楚王听了，忙命不要点烛，却大声向群臣说：“寡人今晚务要与诸位同醉，来，大家都把帽子摘下来痛饮。”

于是官员都摘掉了帽子，楚王命令点烛，都不戴帽子了，也就看不出是谁的帽带断了。席散回宫，许姬怪楚王不给她出气，楚王笑说：“此次宴会，目的在狂欢，酒后狂态，乃人之常情，若要追究，岂不是大煞风景，岂是宴会原意。”

许姬听说，方服了楚王装糊涂的用意，这就是有名的“绝缨会”。

后来楚王伐郑，有一健将独率数百人，为三军开路，斩将过关，直逼郑的首都，使楚王声威大震，这位将军后来承认他就是当年揩许姬油的人。

糊涂比聪明更重要，大凡立身处世，是最需要聪明和智慧的，聪明与智慧有时候却依赖糊涂才得以体现。郑板桥说：“聪明有大小之分，糊涂有真假之分，所谓小聪明大糊涂是真糊涂假智慧。而大聪明小糊涂乃假糊涂真智慧。所谓做人难得糊涂，正是大智慧隐藏于难得的糊涂之中。”

糊涂可以成就大事业，能经受时间的考验，聪明只能带来一时的成功，总有机关算尽的时候。当然，聪明不是错，更不是罪，关键是要用好自己的聪明，把聪明转化为智慧。这样，才能为自己的人生锦上添花，而不会让它成为美丽的泡沫。

人脉点拨：糊涂不是犯傻，不是愚昧，也不是游戏人生、得过且过。从一定意义上讲，糊涂是一种气度、一种修养、一种境界、一种智慧。只有懂得糊涂的人，面对诸多不顺心的人和事才能心平气和、坦然面对。

学会尊重规则

早年间，李鸿章曾到英国、美国、荷兰等国走过一遭，玩的那个嗨。刚到美国时，他就问接待他的一个美国人：你能听懂中国话吗？你是哪里人呀？你一个月赚多少钱？老婆也是美国人吗？她怎么没有陪你来呀……

问得没完没了，还全问些私事，人家不高兴了：“你能尊重我一下吗？”

你说啥？李鸿章一听就怒了：“哎呀，没看出来，脾气还挺大，既然你这么不懂事，那我现在就来告诉你，按天朝的规矩，我既是你的长辈，又比你官大，问你什么，你老老实实回答便可，哪来那么多废话?”

他还向美方投诉了接待官员的无礼，美方的答复是：“中堂大人，你说的是天朝的规矩，那些规矩在这里不好使。”

不好使？李鸿章不开心了：为啥不好使？

对方答：那些规矩太不尊重人了。

你到了别人的地盘，就要按别人的套路来，这就是规矩，也是我们常说的规则。就拿人情世故这点来说，老外谈客户做生意，有他们的一套路子，回到中国，那套东西全搬过来不见得有效，那怎么办？按中国人的规则来。比如，我今天到了某地，请客吃饭就要多遵从当地的风俗，明天了到另一个地方，就需要了解这个地方的一些风俗，后天又换了一个地方，那就再去了解这个地方的一些规矩。

讲这个的意思是说，你到了一个新的环境，与一些生面孔接触，你要知道这里谁说了算，什么该做，什么不该做，要尊重什么，避讳什么……

不能说别人一定就得尊重你的选择，聪明人不会这么做，这是规则，你能量再大也不能坏了规则。比如，你是一个讲师，演讲很牛，你非要和老板说：“老大，咱们五五分成好不好?”不可能的，老板可能只给你10%的提成，这就是一个游戏规则问题！这个地方他是老大，你也想过来当老大，就会坏了规则，规则一坏，许多事情是没有办法做下去的。

老实人在发展人脉关系时，一定要想清楚这点，哪怕是一个不起眼的细节也要注意到。有时候，规矩就体现在细节中。比如，你在公司要会见客人，不想打领带，可以解释一下：“我这个人脖子有点粗，找不到合适的领带。”或者说实话：“我这个人什么都不怕，就怕热，一戴领带就会出很多汗，所以这样显得更放松。”但有些场合就不同了，你去参加一个很正式的庆典，或是去一个很正式的场合，会发现所有人都打领带，你不打显然不合适。如果你是资深人士，你可以不打，问题是你不是，你不但要遵守别人的规则，而且也要遵守一些世俗的规则。

这个问题展开来谈，会涉及很多方面，如人际交往中的拜访、商业中的谈判、朋友圈的聚会等。一句话，不管你是什么人，你有什么样的规则，都要学会尊重别人的规则。否则坏了规矩，落个“不懂事”的名声，办任何事情都会变得困难。

人脉点拨：尊重别人就是尊重自己。每个人都有自己的原则，都有自己做事的规矩，当你的原则、规矩与他人的相遇，甚至产生冲撞之时，记得在保持自己尊严的前提下，尊重他人。

尊重人

人际关系就是一张网，人缘的威力就在于这张网的大小和深度。你能做什么，不仅仅取决于你认识了谁，还取决于你认识了多少人。“尺有所短，寸有所长”，不要因为一个人没有影响力就忽略他。在关键的时候，小人物也能改变你的命运。

小人物的价值到底有多少？ 对于公司的老总来说，小人物不过是树上的一片绿叶。对于大人物而言，小人物不过是沙滩上的一粒沙子，你永远都不会看出它有什么价值，除非它变成了珍珠。

但是，在生活和工作中，真正聪明的人眼光长远，从不会忽视小人物，更不得罪小人物。小人物可能帮不上你，但是他能坏你的事。如果一不小心得罪了那些小人物，他们可能会处心积虑地对付你，甚至不把你置于死地而不甘心。

比如，某知名艺术家因嫖娼被抓，有人就想不通了，那么多人都不干好事，为什么警察偏偏会把他给抓了，这不会又是炒作吧？像剥洋葱一样，为了弄清真相，网友会一层一层地剥，剥到最后发现，不是警方早就盯上他了，而是开车的司机，就是身边的秘书给他设了一个局。事情的经过也不像大家想象的那么玄乎，无非就是因为一点个人小恩怨，或是想涨一点工资，他不同意。于是，对方便把他的那点事捅了出来。

可见，越是大人物越应对身边的人好一点，即便是微不足道的小人物，也不能随便得罪。如果他们想给你添麻烦，无中生有捏造一些事实，也够你受的了，至少会影响你的名声。

所以，不要有了点名、发了点财，就看不起身边的小人物，这方面的教训是很深刻的。如果执意把身边的小人物当马仔看、当佣人使，呼来喝去，让人感觉不到尊严，那你的处境也就很危险了。

生活中，我们每个人都渴望得到别人的尊重，即使是一个微不足道的处于社会最底层的小人物。尊重别人，也是尊重你自己。“三人行，必有我师焉”，一个真正懂得尊重别人的人，不仅仅会尊重自己的上司和父母，更会懂得自己的下属和身边每一个地位卑微的人。因为每一个人都有他的优点，从别人的优点中吸取精华，从别人的缺点中找出自身的不足，何尝不是一种领悟和提高的过程呢？

尊重别人不仅仅体现在语言上，更要体现在行动中。尊重别人需要真心实意，不是虚情假意。尊重别人，需要用一颗真心去感染对方，带给对方快乐。那么，从中获得快乐的又何尝不是自己的呢？

不管身处什么环境，与什么人群交往，一定要记住：把鲜花献给身边所有的人，包括你心目中的“小人物”。不要总是时时处处表现出高人一等的样子，要知道，再有能力的人也不可能把所有的事情都办好，再优秀的篮球运动员也不可能一个人赢得整场比赛。俗话说：“不走的路走三回，不用的人用三次。”说不定，有一天，你心目中的“小人物”会在某个关键时刻成为影响你的前程和命运的“大人物”。

人脉点拨：学会与“小人物”交朋友，多一个朋友多一条路。不要用实用主义的观点去处理与小人物的关系，等到有事才登三宝殿时，就晚了。

第六章

结交朋友，三分凭技巧七分靠人和

——欲得贵人心，先要有颗贵人心

大人物在你眼中或者罩着耀眼的光环，又或者蒙着神秘的面纱，让你想看看不清、想走走不近。其实在现实生活中，大人物到处都是，也不见得高高在上，或者神秘兮兮。如果热脸贴了人家的冷屁股，不要抱怨人家不理你，而要多想想：人家凭什么愿意和你交朋友，你能给人家带来什么好处？只要用了心，世上没有难交的朋友，大人物之所以难结交，归根结底是你不懂得人和的艺术。

欲成就自己，先成就别人

在这个世界上，不管做什么工作的人，都是在为别人服务，并且提供的服务越多，回归到自己身上的能量也就越大。如果一个人明白了这些道理，就会自觉地为别人服务，去成就别人。置身于一个环境中，只有为身边的人做好服务，多去成就他人，才会得到更多的回报，赢得更多人的赏识，让自己的路越走越宽。

做一件事，在没有看到结果之前，不要太在意眼前的得失，不要计较自己的付出。有句话叫“计较是贫穷的开始”。如果觉得自己的婚姻不好，自己一定在计较什么；如果觉得自己赚钱不多，自己一定在计较什么……许多人的现状都来自计较，来自不愿付出，人越不想付出也就越得不到！

很多人经常会产生疑问：“为什么我很努力，却赚不到钱？”你一定在计较什么，因为你爱计较、患得患失才会赚不到钱。如果做了很多还是得不到认可，就说明自己做得还不够，必须做到更好才可以。

100多年前的某天下午，在英国一个乡村的田野里，一位贫困的农民正在劳作。忽然，他听到远处传来呼救的声音，原来，一名少年不幸落水了。农民不假思索，奋不顾身地跳入水中救人。孩子得救了。后来，大家才知道，这个获救的孩子是一个贵族公子。

几天后，老贵族亲自带着礼物登门感谢，农民却拒绝了这份厚礼。

在他看来，当时救人只是出于自己的良心，自己并不能因为对方出身高贵就贪恋别人的财物。

故事到这儿并没有结束。

老贵族因为敬佩农民的善良与高尚，感念他的恩德，于是，决定资助农民的儿子到伦敦去接受高等教育。

农民接受了这份馈赠，能让自己的孩子受到良好的教育是他多年来的梦想。

农民很快乐，因为他的儿子终于有了走进外面世界、改变自己命运的机会；老贵族也很快乐，因为他终于为自己的恩人完成了梦想。

多年后，农民的儿子从伦敦圣玛丽医学院毕业了，他品学兼优，后来被英国皇家授勋封爵，并获得1945年的诺贝尔医学奖。

他就是亚历山大·弗莱明，青霉素的发明者。

那名贵族公子也长大了，在第二次世界大战期间患上了严重的肺炎，但幸运的是，依靠青霉素，他很快就痊愈了。

这名贵族公子就是英国首相丘吉尔。

农民与贵族，都在别人需要帮助的时候伸出了援手，为他们自己的后代，甚至国家播下了善种。

人的一生往往会发生很多不可思议的事情，有时候，我们帮助别人或感恩别人，却可能冥冥之中有轮回。

《论语·雍也》中，孔子答子贡问仁曰："夫仁者，己欲立而立人，己欲达而达人，能近取譬，可谓仁之方也已。"意思是："要成就自己，必先成就别人；要想自己通达、顺利，必先帮助别人通达、顺利。"

可见，学会成就别人自古就是被圣人推崇的一种做人道理。尤其是在今天，想做成一点事，必须学会建立起自己的人脉价值链。

在这个链条中，要有开放的心态，要能够成就与你合作的人。如果只想从别人身上得到更多，而吝啬自己的付出，你认识再多的朋友也没有用。

人脉点拨：山外有山，人上有人。在我们的生命当中，不要总想着“胜过别人”“压过别人”“超越别人”，而一定要学会“成就别人”。成就别人，就是在帮助自己。

外面大风大浪，心要四平八稳

做人就应该低调务实，就像一杯清茶，慢慢品才有味道。江湖高手，鲜有咋咋呼呼的；有能量的人，会给人一种四平八稳之感，遇事不猴急，无事不卖弄，低调而有气度。

一次，有位总经理带着自己的秘书去见一位新客户。见面后，客户满面春风地径直走到秘书面前，双手紧握着秘书的手，“刘总”长“刘总”短，客气得不得了。显然，是认错人了。秘书“您好”“您好”地回应着，没有及时帮对方纠错，总经理在一旁那个不自在。

客套了半天，客户才意识到另一个才是刘总，于是只好表示歉意：“不好意思，请刘总原谅。”以后出去拜访客户，刘总再也不带这位秘书了。

地低成海，人低成王。即使自己真是个人物，也要学会低调。地不畏其低，方能聚水成海，人不畏其低，方能服众成王。世间万事万物皆起于低、成于低，低是高的发端与缘起，高是低的嬗变与演绎。故为人处世，低调一点终究不是一件坏事。

凡看过秦始皇陵兵马俑的人，想必都见过那尊被称为“镇馆之宝”的跪射俑吧！迄今为止，秦兵马俑坑已出土各种陶俑上万尊，除跪射俑外，其他均有不同程度的损坏，需要人工修复。而这尊跪射俑是至今保存最完整的、唯一一尊未经人工修复的。仔细观察，就连衣纹、发丝都清晰可见。

跪射俑为什么能够保存得如此完整呢？这得益于它的低姿态。首先，兵马俑坑都是坑道式的土木结构建筑，当棚顶塌陷、土木下落时，首当其冲受损的是高大的立姿俑，低姿态的跪射俑受损害自然就小一些。其次，跪射俑作蹲跪状，右膝、右足、左足三个支点呈等腰三角形状支撑着上体，重心在身体的下方，增强了其稳定性，与两足站立的立姿俑相比，不大容易倾倒、破碎。所以，在经历了两千年的沧桑巨变后，它依然能完整地呈现在世人面前。

跪射俑给我们这样一个启示：做人一定要保持谦谦君子的低姿态。越是低调的人，越是深谙此理的人，也越是大智若愚的人。在与他人交往时，如果没有高调的资本，还是低调一点。保持低姿态，可以避免让对方产生一种相形见绌的感觉。因为我们以低姿态出现在对方面前，使对方感到心理平衡，从而愿意与我们交往。

人脉点拨：低调既是一种姿态，也是一种智慧。永远不要抢风头，该是你的终归是你的；不是你的，抢也没有用。你太高调，势必会让那些本该高调却被迫低调地隐没在人群中的人有失体面。

多和优秀的人结交

“近朱者赤，近墨者黑”。结交比自己优秀的人，模仿他们、学习他们，是提高自己的捷径。如果一个人的身边都是优秀的竞争对手，那么他也不会差到哪里去。相反，如果自己身边都是一些吊儿郎当混日子的人，自己也比他们强不了多少。

有些人之所以平庸，是因为不善于和比自己优秀的人交际。

很多人都有这样一种心理：喜欢从比自己差的人身上找优越感——如果从对方身上找不到优越感，心理就容易失衡，甚至全身上下从里到外都是满满的自卑。这种交友观念不改变，只喜欢与比自己混得还差的人交往，注定混不出大的天地。

要想优秀，先要向优秀的人看齐，每个人身边或多或少都有一些能人、牛人，学会与这些人交朋友，也是自我提升的一大捷径。

至少，这样做的一些好处是：他们或在某些方面能给你带来新的观念；或能告诉你怎么与人愉快地相处；或在改善做事方法上给你更多帮助……这样，你结识的优秀者越多，你少走的弯路就越多，他们在事业上给予你的帮助就越大。反之，交的损友越多，得到的负能量也就越多，前进路上遇到的羁绊也就越多。

所以，你要寻找比你更优秀的人做朋友。无论你是飞黄腾达，还是穷困潦倒，只要你选择与比你优秀的人在一起，当你落败时，他会帮你检讨总结，为你加油助威；失败是暂时的，成功是最终的必然；当你成功时，他会提醒你，重新给自己定位。

当然，结交更优秀的人，只靠一张嘴是不行的。

首先，你的思想境界和阅历需要达到可以和他们沟通的水平，才能获得这样的机会，修为相同才能够相互吸引，思想相近才能达成共鸣。不是说，你要阅历没阅历，要格局没格局，要境界没境界，凭溜须就能和对方靠近。如果对方真正是个有格局、有真本事的人，这招一定不好使：话讲不到一块儿，思想境界不在一个水平，谁想捧你的臭脚？

其次，别太看不起自己，如果你把自己都当抹布了，还怎么指望别人正视你？故自己说话办事也不能太掉身份，有些事不便硬撑，但也要讲究一点，至少要顾及对方的观感。

再次，不要太功利，不要目的性太强。把对方当朋友，要心诚，要懂得欣赏、懂得学习，这样，交往起来双方都会感到舒适。那种“有奶就是娘”，见谁有用就生拉硬拽的做法，往往只会起到热脸贴冷屁股的效果。

在优秀人才面前，时时处处以优秀的标准要求自己，从他们身上学习新经验、得到新启发，从而让自己达到更高的水平。如此，你想不优秀都很难。

人脉点拨：人生的意义不仅在于超越别人，最重要的是要超越自己。如果你想聪明，那你就要和聪明的人在一起，你才会更加睿智；如果你想优秀，那你就要和优秀的人在一起，你才会出类拔萃。读好书，交高人，乃人生两大幸事。

这是个看脸的时代，更是看能力的时代

有时候我们低头，是为了看准自己走的路，很多人认为，自己当前过得还可以，不愿意去尝试新鲜的事物，很多东西都放不下，拉不下这个脸，最终死在面子上。

不可否认，我们要结交优秀的朋友。但是多数时候，优秀的人拥有的东西，我们不一定拥有。比如，优秀的人有车、有房、有事业，如果为了面子，为了向“优秀”靠近，非要把这个面子撑起来，让自己虚胖，最终只会撑死自己。拉不下脸做事，注定很难有所作为；为了面子交友，终究会为朋友所弃。

小张在生意场上认识了几个朋友，几顿饭后，他认识到了对方的实力，不是做上千万生意的，就是年薪百万的高管。平时人家开什么车，去什么饭店，再看看自己，同样是做生意，就显得有点寒酸了。为了让朋友看得起，咬牙换了新车，请客吃饭必须要到大馆子，平时一掷千金，眼都不眨一下。结果，半年时间就玩不下去了，生意上没赚到多少钱，还欠了银行一屁股债。不得不过苦日子的时候，人家就知道你是什么层次，大家吃喝玩乐是朋友，让我在生意上帮你，门儿都没有。

太爱面子，没把心思用在干事业上，比吃比喝比阔气，总有比不下去的一天，那一天，也可能是你信用破产的一天。毕竟这个社会很现实，一帮富朋友，很少会带着一个喜欢装门面却又穷得叮当

响的穷哥儿们玩，因为你让人看不到价值所在。

相反，如果把面子用在干事业上，别人可能会对你另眼相看。有一位大学生，在校时成绩很好，后来进入一家大公司，工作体面，年薪十几万，让同龄人羡慕不已，都觉得这家伙有出息。半年后，他做了一个令所有人想不到的决定，辞职卖蚵子。

原来，他得知家乡附近的夜市有一个摊子要转让，便向家人"借钱"，把它买了下来。因为他对烹饪很有兴趣，便自己当老板，卖起蚵仔面线来。每天食客络绎不绝，生意好得不得了，半年就赚了十几万。接下来，他招兵买马、扩大店面，从摆地摊搬进了商铺。随着品牌叫得越来越响，一年后开始连锁经营，他把蚵子面线卖到了全省各地。

不把面子当面子，视面子为虚无，这才是一个真正干大事的人应有的风度。大家都知道，马云、俞敏洪、严介和、陈天桥他们是超级富豪，但没有谁知道这些创业者是怎样成为超级富豪的，没有谁知道他们在成为超级富豪的道路上，付出了怎样的代价，付出了怎样的努力，忍受了多少别人不能够忍受的屈辱和痛苦。

人最怕的就是放不下、拿不起。放不下面子，注定为面子所累。像"因为我是这样的人，所以我不能去做那种事"，认为自己是高富帅，不想与普通朋友结交；或是觉得自己是高才生，不愿意到三线城市工作；抑或把自己当公司元老，不愿意与新人交流……

不管与什么人在一起，该放下面子的时候要能拉下脸做人，该放下身段的时候要能弯下腰做事。不要太在乎别人的眼光，走你该走的路，做你该做的事，有了成绩，别人都会高看你一眼。即使你没做出成绩，也会赢得别人的尊重。因为面子从来都是自己给自己的。

人脉点拨：人人有脸，但不是都有面子。如果只是靠脸吃饭，干不出一点成绩，有谁会在乎你的面子、你的脸？只有你闯出来了、成功了，大家才会看你的脸。

本事配得上奢望

有一年，世界歌王帕瓦罗蒂到北京音乐学院参观访问，很多家长都想让这位歌王听听自己子女唱歌，目的就是想拜他为师。帕瓦罗蒂出于礼节，只得耐着性子听，一直没有表态。

黑海涛是农民的儿子，凭着自己的刻苦努力考入这所著名的音乐学院。他也想得到帕瓦罗蒂的指点，但他知道自己没有背景，很难得到与歌王见面的机会。但是，难道白白浪费这么好的机会吗？黑海涛不甘心，他灵机一动，就在窗外引吭高歌世界名曲《今夜无人入睡》。他的歌声一起，一直茫然的帕瓦罗蒂立即有了反应："这个年轻人的声音像我！他叫什么名字？愿意做我的学生吗？"黑海涛就这样幸运地成为这位世界歌王的学生。1998年，意大利举行世界声乐大赛，黑海涛取得了第二名的优异成绩，由此成为奥地利皇家剧院的首席歌唱家，名扬世界。

实力就像一个诱饵，运用它可以吸引识才的贵人"上钩"。

每个人的身边都有贵人，但大多数时候，这些贵人是潜在的、隐形的，我们很难发现他们。既然寻找贵人这么难，为什么不运用逆向思维，反其道而行之，想办法让贵人来发现我们呢？

所以，与其把大量的时间、财富花在一般朋友的身上，不如提升实力来吸引贵人们主动上门。正如法国作家法朗士所言："社会建筑在实力上头，所以实力便应当被看作社会的庄严的基础，受到人的尊敬。"没有实力，到处攀龙附凤，只会自讨没趣。

自古以来，才俊之间往往惺惺相惜，如果你真的是人才，有能力，那不妨亮出自己的实力。贵人看到你的实力之后，一定不会无动于衷，他们一定不会错过那些自己赏识的人。多数贵人都有识才、惜才之心，因为或许当年他们就是由于某位识才贵人的赏识才得以出人头地的，如今异地而处，当然也一定会对有才华的年轻人施以提拔和帮助。

人脉点拨：本事足够大，运气才足够好。人际关系等于财富，人际关系也等于能力，想结交多大的人脉，想与什么样的人物相处，首先就要有什么样的本事，只有本事配得上奢望，才能做一个人脉达人。

情要讲，理要说

有个新上任的副总，总是很斯文的样子。开会第一天就说："别老是耍嘴皮子，溜须拍马，搞那些没用的东西。"有人听了，怕了，和领导说话那个谨慎。但有个聪明人很快与副总打成一片，见面总是笑哈哈，该打招呼总是热情地打招呼。但是也决不拍马屁、说违心的话。每天把副总哄得开开心心，领导身边没有他逗趣，没有他做绿叶，领导这朵红花也很难绽放出笑颜。结果时间一久，他还是领导身边的红人。沟通起工作来就顺畅不少。

试想，与同事处理好关系，不伤大雅地常拍一拍身边的同事，关系就能处理好，沟通事情就顺畅。同事、朋友，尽情享受被“赞美”的快感，工作时总是乐呵呵的，充满干劲那是怎样一种心境？

你闷葫芦一个，嘴上功夫上不去，会让人觉得你这个人很无趣。好多人职场混得不如意，十之八九是因为不会说，更准确地说，是缺乏与人为善、与人共乐的本事。

换作你是领导，大家每天都把你说得高高兴兴，帮你分忧解愁，让你始终保持一种好状态，能说这是一件坏事吗？现在人们工作生活压力这么大，有人能帮你解压，让你开心，让你找到存在感，且你还不损失什么，大家你情我愿，那不就是满满的正能量么。

人脉点拨：每个人都在追求优越感、存在感，“拍”一“拍”同事、朋友就是要帮人找回这种感觉，这是一件很有艺术的、也算是较“高尚”的事情。认识不到这一点，因而拒绝“拍”，难有大的作为。

用平和、善良之心看待比你强的人

人外有人，天外有天。我们得承认，在某些事情上，有比我们更强的人存在，但是个人有个人的精彩，不要怕别人比你强，更不必硬要和别人一比高低。

有一种人，见不得别人升官发财，见不得别人开心得意，见不得别人有什么好事，见不得别人比自己强、比自己过得好……见了就眼红，就嫉妒，就不开心，就不舒服，就闷闷不乐、烦躁不安、心事重重，就失去了自己的风采和自信。

有一个工程师，他的儿子很聪明，没怎么用爹妈管，自己报考了海外名校被录取。儿子有出息，他脸上也有光，于是把熟人全叫来，大摆酒席。

席间，就在大家啧啧赞叹的时候，一位多年不见的朋友，冷不防甩出一句："现在国外的学校给钱就可以上，根本不看什么分数，有钱想去哪儿上就去哪儿上。"

一句话让他变得很堵心，于是没好脸色地说："你说的那是野鸡大学，我儿子报的可是正规名校，招生标准非常严格。再说，我儿子可以领全额奖学金啊！"

对方又来了一句："都一样，给钱就让上。"

他气不打一处来，都想开口骂人了，怪就怪儿子太有出息，都引起公愤了。两个人多年的交情就此告终。

何苦呢？

心如止水，见素抱朴，是做人的境界。世上比你强的人多了，你一生中什么也不干、什么也别想，眼睛光盯着别人的好事，也是盯不过来的，即使气死你，别人的好事照样发生，谁又能阻挡得住？

那么，看到比自己强的人的时候，如何平衡自己的心理呢？

首先要用善良之心去看。看到别人成功或者比你强，大可不必为此扰乱了自己原本平静的心情。诚然，不去看不去想周围发生的事是不可能的，关键是要用平和善良之心去看。在这个世界上，每个人都是独一无二的，每个人都有让别人钦佩之处。与其不平衡，不如多想想自己的不足，多向别人学习，不是更好吗？

其次要看到差距。这个社会不是说你付出的越多，你就得到的越多，行业不同、职业不同，结果千差万别。每天扛着扫帚扫大街的人，付出的比谁少？你能说“我付出你10倍的体力，就要获得10倍于你的收入”吗？高富帅不是一天练成的，一味抱着一种不健康的、不正常的，甚至有些病态的心理对比自己强的人评头论足，只会让自己显得更加低矮矬。

再次要有自知之明。天外有天，人上有人，本来就是正常现象，也是时代文明进步的象征。如果一代不如一代、一个人不如一个人，所有的人都不如你，那才是不可思议的。

看到别人比自己强，应该把他视为榜样，从相形见绌中积蓄向上的动力，不要比出自卑、比出丧气，否则，你就太没出息了。别把别人看得太重，把自己看得太轻，一个人很可能是这方面有能力，而另一方面没能力，或者彼处有能力而此处没能力，不可能时时有能力、事事有能力。有时候，不是自己不行，而是别人太强了。你有你的天地，你有你的辉煌，何苦非在一个点上逞强，硬和别人比高低！

怕别人成功，怕别人比你强，希望别人不如你，这是心胸狭隘，是庸俗、虚荣、无能的体现，算不得英雄好汉。把自己的一面打磨光亮，以能力说话，才有说服力。

人脉点拨：你所看到的强者，很可能只是表面上的、形式上的强，即使真的比你强，也是因为人家走过更艰辛的路、经历过更多的酸甜苦辣。

第七章

用好“舍得”之道，走到哪儿都有“自己人”

——“小器”之人交不到“大器”朋友

智慧人生，要品味舍得。敢舍才能敢得，想得必须敢舍。你舍去了一会得到二，你得到了二，连一都不愿意舍，也许你以后得到的就是零。天底下的人脉关系就是这样建立起来的。所以，和靠谱的人在一起，面对情、义、利，不管舍与得，都要有一个好心态，心态好了，思考是正面的，行为是积极的，表达是正面的，那你这个人也是处处受欢迎的。

收收个性

做人有个性，并不是什么错，也不是坏事。生活中，每个人都有自己的个性，都会用自己的眼光来审视周边的人与事。但是，并不是每个人都会以你的角度看问题，以你喜欢的方式对待你。有时候，我们个性太强，满身棱角，只会让自己受到更多的伤害。

在社会上闯荡，要有生存的本领。首要的一点是，你要知道“社会”这个大环境遵循着怎样的逻辑，有哪些运行规则。

人际关系很微妙、复杂。试想一下，在该讲规矩的时候，你率性潇洒，人家心里怎么会舒服呢？也许你的亲人、朋友，或那些较宽容的人，能够容忍你的这种个性和行为，但是对别人来说，你无疑犯众怒了。历史上，因个性十足而吃亏上当，甚至丢了性命的比比皆是。三国时期的才子祢衡就是一个典型的例子。

祢衡年少才高，目空一切。二十多岁就跻身名士权贵之中。而且，祢衡很瞧不起那些人，把他们视为酒囊饭袋，行尸走肉。在祢衡眼里，自己举世无双。

汉献帝初年，孔融上书荐举祢衡，大将军曹操召见他。结果祢衡出言不逊，让曹操心中很不快，最后给他封了个击鼓小吏，以羞辱他。祢衡也因此更加嫉恨曹操。

有一次，曹操款待宾客，让祢衡击鼓助兴。结果，祢衡竟当众裸身击鼓，扫众人的兴。曹操虽然恨之入骨，却不想杀祢衡，因为那样会坏了自己的名声。

后来，曹操把祢衡送给荆州牧刘表。不久，祢衡又因倨傲无礼，得罪了刘表。刘表也是个聪明人，他不杀祢衡，把他打发到江夏太守黄祖那里去。

在黄祖那里，祢衡仍是率性如前。有一次，祢衡竟当众顶撞黄祖，骂他："死老头，你少啰唆!"黄祖一怒之下把他杀了。

祢衡才华横溢，死时只有二十六岁。这场杀身之灾，其实早已注定，皆因为他是个性情中人，只会恃才傲物，不懂得收敛自己的个性。

坦率地说，一个人有才华、有个性、固然好；但是，个人才智始终是有限的，在社会上混，你始终离不开他人的认同、帮助、提携，所以除了有能力，还要懂得建立关系、发展关系，包括对他人和环境的审视、知晓。

太有个性的人、太出格的人，把自己暴露在众目睽睽之下，赤裸裸地毫无遮掩，这无异把肉放在砧板上，让人家想怎么剁就怎么剁，这不是愚蠢无比吗?

个性太强，要懂得收敛，要懂得和周围的环境融为一体，这是一种修养，是为人处世必须具备的一种品格。就像水一样，需要奔泻的时候就汹涌澎湃，需要沉静的时候就平缓温和，无论外部环境怎么变，都能顺其自然。

世界是圆的，万物是活的。灵活地运用做人之道，别太有个性，也别太没有个性。在保护自己不受伤害的基础上做事，才能在无形的世界中，塑造一个有形的自我。

人脉点拨：跟他人在一起的时候，你要懂大局，知道维护局面的重要意义。只图自己痛快，不考虑别人的想法，就是在四面树敌，会为自己招来不必要的灾祸。记住，别人都站着的时候，你不要一个人坐着!

懂得合作，伸手别只是为了索取

做事目的性太强不见得是坏事，但在人际交往中，不带感情色彩，却带着强烈的目的性去结识他人，只会给自己带来负面评价。人脉积累就像一个挖井的过程，在喝到水之前，要懂得付出，要知道合作，不是说大家能够乐呵到一块儿，是一个“班子”的，就都是“圈内人”了。

要想别人把你当“自己人”看待，定要深谙“舍得”之道，这也是老祖宗留给我们的一种做人精髓。不光做人，做事、做企业，不懂此理的人都难有作为。一个人很有才，一穷二白，靠什么起家？励志一点讲，他这个人很努力、很有头脑，但不管怎么努力、怎么聪明，总归是要与人合作，与人打交道的。这个人不懂事，一次、两次，第三次可能就没人搭理他了。这不是一个单打独斗就能成功的时代，你没有人、没有人脉，人生的高度就一定会受限。

聪明的人懂得与人合作，懂得在合作中怎么弥补自己的劣势，借助他人的优势。这就需要他认清两个问题：一是自己的短板，二是他人的长项。

比如，你想了一个赚钱的点子，但是缺钱，那你就想办法去找有资金的人；有钱，而没有项目，那就去找有投资价值的项目；有钱有项目，没技术，那就去找懂技术的人。再如，你不擅长英文书写，好，那我请一个专业人士来帮你，这块短板你就补上了；你对管理不在行，那请一个职业 CEO，会省去许多不必要的麻烦。

如果你什么都没有，什么都不懂，既认不清自己，还不舍得付出，又不懂得合作，你永远长不大，永远不懂什么叫实力。

有个定律叫“木桶定律”——木桶能装多少水，取决于最短的一块板子。每个人都有短板，明星、企业家、网红，没一个例外，但他们为什么能获得在我们看来最牛的、最有实力的人脉，因为他们本身很有实力。你有实力，人家才愿意相信你，才愿意与你来交换，当然，在交换的过程中，你也就弥补了自己的短板，这就是靠“舍得”之道结交人脉的意义。

许多董事长、总经理身边都有一个团队，这个团队是用来干吗的？是用来弥补短板的，因为不同的人在不同的方面见长，这样看问题比较全面、透彻，老总决策时，错误会减少。

一个人的成长应该是全方位的，就像小孩儿长身体一样，缺什么就要补什么，只有和别人做到优势互补，知道能提供给别人什么，清楚自己需要什么，那人脉链接起来就容易多了。表面上看是“合作”，是优势互补，其实是一种“舍得”之道。想中奖，舍不得买一注彩票；缺人手，舍不得花钱雇人；合伙做生意，舍不得让利……想再多，再努力又有什么用？

在一个团队中，你有没有相应的位置，关键也要看你对这个团队贡献了什么，如果只知伸手，只有各种牛皮、流言蜚语，那对不起，你再是个人才，也树立不起个人的威望。

人脉点拨： 人脉的本质也是一种价值交换，做生意、做朋友，一定要学会用别人的力量来弥补自己的短板。

事多故人离

中国人常讲“独善其身”，用在社会交往方面，大概可以这么理解，就是不管有没有钱、有没有能量，都要把人做好了，不能因为穷、没本事，就连累亲戚朋友，给别人添不必要的麻烦。也不能因为发达了，是个人物了，就瞧不上这个、看不起那个，把别人贬得一文不值。其实，你过得好坏，与别人没有半毛钱关系，为什么一定要把自己的某种意愿强加给他人呢？

一天，小张和处了10来年的铁哥儿们彻底闹翻了，一时间就传开了，所有人都觉得不解。两个人从学生时代就处得很铁，经常不分彼此，怎么友谊的小船说翻就翻呢？原来两个人合伙做生意赔了钱，事后一分析，做生意的路子不同，于是各干各的。但是，朋友的生意越做越大，小张的买卖却总是不景气，时常张口向朋友借钱。一来二去，就欠下了朋友20多万元。两三年了，朋友不好意思张口，他也没有要还的意思。一次，他又向朋友张嘴，结果这回吃了闭门羹，他一时难以接受，觉得对方不够朋友，10多年的关系白处了。于是，二人产生了一些隔阂。后来，他赌气还上朋友的钱，发誓不再与其来往。

或许小张认为朋友经不起考验。其实不然，当你伸手的次数多了，并且把“伸手即所得”视为理所当然，再铁的朋友也经不起这种考验！俗话说“事多故人离”。朋友是不可用“友情”来绑架的，也不是你随时就可以透支的信用卡。与人相处，如果把透支对方视为他“对得起你”“够朋友”，那你又算什么呢？

你有钱，可以不去帮助别人，但是你没钱的时候，一定要少给别人添麻烦。如果这个世界上每一个人都能够做到独善其身，我们这个世界会变得多么和谐！虽然“不麻烦别人”，没有类似“伟大”“高尚”这样的词那样严肃和辉煌，但体现的是一种做人的修养。

朋友不是用来“麻烦”的、“提要求”的，你能站着却坐着、能坐着却躺着，总是以麻烦别人为己任，还要振振有词，细数朋友对不住你的条条“罪状”，那么你身边的朋友只会越来越少，你的能力只会越来越退化。

做一个受人尊敬的人，就别把友情不当回事。人与人就是这样，你对别人好一点，别人也会对你好一些；你多帮助别人一点，别人也会多给予你一点。

刚工作的时候，我认识了一个同事，他上班的时候喜欢睡觉，当天的工作要晚上拿回家做。所以，白天状态很差。有时，他的工作出了一些问题，领导提了意见，他总是要我帮他修改，他继续自己的白日梦。一次两次，也是无所谓的事。但后来成了一个习惯，他连招呼都不打，会直接把他的“作业”摆到我面前，那意思是“你按领导的意思改就可以喽”。那时，我真是有点怕他了。我这么照顾他，虽也算是举手之劳，他请我吃颗糖也可以呀，不是我非要你给予我什么，至少你得有句感谢的话。后来，他出去创业了，项目换了很多次，却没有一次成功。有一次，他想起了我，给我打电话，说“你真是个好人，自打离开那个公司，再难碰到你这样的人，现在的人真是太精明了”。这话我听着怪怪的，他不会是说我傻吧？但不管怎样么，现实的社会终于让他对人脉有了更深的认识。

许多时候，我们做一些事情总是不顺利，其实说一千道一万，还是跟性格有关。如果你的性格就是想着能不麻烦别人就不麻烦别人，而他呢，却总是想着能麻烦别人就麻烦别人、能多赚点就多赚点。但是，只赚熟人的钱能赚多少呢？涸泽而渔，鱼肯定会被抓光的。只是很多人太短视，从来不想这个。

人脉点拨：少麻烦别人，对别人多一点点敬畏、多一点点尊重，会让你吸引更多的人。感情这种东西是用来呵护的。你一“麻烦”，麻烦可能就真的来了，有些东西一旦失去，就一辈子也找不回来了。

什么也没提供，就别想着白吃白喝

为人处世，被提及频率较高的一个词就是“利用”。乍听起来，略显贬义，的确，人吃亏上当后，猛然间醒悟，会拍着大腿叫苦：被人利用了。但换个角度想想，你总得有被利用的价值吧？如果你实在没有一点价值，那就纯属自作多情。

你学技术、长本事，不就是等着被用吗？不被用，就显不出你的价值。你这个人身上可被利用的东西越多，你就越值钱。你在朋友中一文不值，肯定是因为你没有一点利用的价值；你在工作中不受器重，也多半是你没有可用之处。

如果既怕被利用，又想工作得好、生活得好，还要做朋友圈中的红人，那几乎无可能。一种平衡的人际关系，一定是一种平等交换的关系，你有多大的资源，你有多大的本事，就能干多大的事业。曾经有人说过，只要善于交换，一枚大头针也可以换辆宝马，前提是得看你和谁去换。这件事让一个普通人去做，几乎没有成功的可能，因为你的每一次交换都是不公平的，也许可以用一枚大头针换一个苹果，但你拿一个苹果换一辆自行车，凭什么让人做这笔赔钱的买卖？

在现实中，如果你想获取更多的朋友，一定要先增加自身的含金量，让自己拥有更多可供交换的资源。只有这样，人们才喜欢、才更有可能与一个能够公平交换彼此资源的朋友结交，这样一来，你跟他人的友情才会让双方乐此不疲。

有一个30岁未婚的男青年这样说："我的另一半应该在天平的另一边，我有多重，她就会有多重；我有多少价值，她就有多少价值。所以我首先提高自己的价值，这样我才能找到一个同样价值的老婆，我对老婆的要求就是我对自己的要求。"

这位青年的说法非常形象，表达出了一个公平的原则。如果一个男人其帅无比、人格优秀，事业极为突出，那么一个品德败坏的丑女肯定是无法与之相配的。事实上就是如此，你是个优秀的人，你才能吸引其他优秀的人，谈对象是这样，交朋友是这样，事事无不是这样。

人跟人之间只有做到公平交换，你把你的好的资源奉献给他，人家才会把自己的好的资源回报给你。没有人愿意无偿奉献自己的资源。

结识人脉关系，要从付出开始。不要想着你有恩于对方，不要想着让对方回报你，不要让自己的帮助变成对方的一种压力，帮助过别人，别人心里会记得。或许，在以后的某一天、某个时刻，你需要帮助的时候，别人会给你更大的回报，但前提是，你要很快乐地去帮助别人，不要去想着有什么回报。在与人交往中，如果你什么都没有提供，只是白吃白喝白借，相信所有的人都会将你打入万劫不复的“冷宫”！

所以，在盘点自己的人际关系之前，请先冷静地问问自己：你对别人有用吗？在你身上有能被别人利用的地方吗？如果你身上可供人利用的地方越多，证明你越有价值，而当你越有价值，你就越容易建立起强大的关系网。

交朋友要凭借一颗真心，不要凡事只是想着自己、计算着自己的得失。其实每个人心里都会有一杆秤，他会权衡一下这个人我到底是不是该把他划为知己，有时，计较得太清楚，你失去的不仅仅是一个朋友那么简单！

人脉点拨：只有大方地奉献出你的资源，朋友资源的大门才会对你敞开。没有公平的情感、资源交换，友谊便会失去赖以生存的基础。

卖弄会使你的聪明变得廉价

一般来说，每个人的智商都差不多，处理一般的人际关系也都够用。平时，大家只要相处过一两次，你做一件事、说一句话，心里想什么，想表达什么，对方都会猜得八九不离十。如果你不该表现自己聪明的时候，总是琢磨占人家的便宜，即便便宜占到了，在人品上又吃了亏，属于得不偿失。19 世纪英国政治家查士德·斐尔爵士曾对他的儿子说道：“要比别人聪明——如果可能的话，但不要告诉人家你比他聪明。”

三国时期，杨修在曹操手下任主簿，起初曹操很重用他，但杨修仗着自己的才气，遇事喜欢耍小聪明。有一次有人送给曹操一盒奶酥，曹操吃了一些又盖好，并在盖子上写了“一合酥”3个字，大家都弄不懂这是什么意思。杨修见了，就拿起匙子和大家分吃，并说：“这是叫人各吃一口啊，有什么可怀疑的！”

一次，曹操令人建一座花园，快竣工了，监造花园的官员请曹操验收察看。曹操参观完花园之后，是好是坏是褒是贬一句话也没有说，只是拿起笔来，在花园大门上写了一个“活”字，便扬长而去。见此情形，大家丈二和尚摸不着头脑，怎么也猜不透曹操的意思。杨修却笑着说道：“门内添‘活’字，是个‘阔’字，丞相是嫌园门太阔了。”官员听杨修说得有道理，立即返工重建园门，改造停当后，又请曹操来视察。曹操一见重建后的园门，不禁大喜，问道：“谁知道了我的意思？”左右答道：“是杨修主簿。”曹操表面上称赞杨修聪明，其实内心已开始忌惮杨修了。后来，他终于寻得机会，除掉了杨修，杨修也结束了他聪明的一生。

杨修够聪明，能看透别人看不到的很多东西，能猜透别人猜不透的许多事情。然而，他又太愚蠢了，愚蠢得不知如何保护自己。他到死都不明白，正是他过分外露的聪明使他成了刀下鬼。他的聪明使他招人喜欢、招人赞赏，但他滥用自己的聪明，结果招来杀身之祸。

俗话说“是金子总会发光”，如果你是真正的聪明，就不要总是在别人面前随便卖弄。那样，不但使你的聪明变得廉价，有时还会给你惹来不必要的麻烦。职场之中，形形色色的人都有，要想工作顺利，人际交往又没有障碍，就必须保护好自己，在看透别人的同时，不要让他知道你比他聪明。

如果你想做个聪明的人，请你再高明一点，别让对方看出你的聪明。当你把别人当傻子的时候，想想你自己是个什么。社会就是一个大家抬着、互相映衬着的社会，当你无视对方的付出，对方完全可以无视你的存在。

人脉点拨： 你今天比我聪明，明天我回过味来，可就比你聪明了！把聪明用在该用的地方，那叫聪明；把聪明转化为狡猾，那叫愚蠢，是很危险的！如果一定要做聪明人，请再高明一点，别让人看出你的聪明。

做事太计较，余地就没了

天下熙熙，皆为利来；天下攘攘，皆为利往。关系中的一切进退、取舍、权衡，都逃不过一个“利”字。关系是什么，就是照顾到自己，也想到别人，你中有我，我中有你。在利益上，一个人独占，谈不到“利益关系”；因此，凡是谈到“关系”的时候，一定要想到他人，并维护好他人的利益。

当你与他人的关系无法进行下去时，应该想一想是不是利益分配上出了问题。有时候，你在利益上让一步，对方也让一步，关系就顺畅了。而且，你想到了对方的利益，并主动谦让，对方反而不好意思与你争利，甚至会主动出让利益，那么双方就容易成为密切合作的伙伴。这就是算大账的智慧。

同样是做事，为什么有人越做越小，有人越做越大？就是因为算法不同。有人喜欢小处算，一分也不让，路越走越窄；有人喜欢大处看，能舍能得，路越走越宽。

做事不计较，不为眼前小利与人闹别扭，舍得与人分享，人们会感受到他的大方，在他需要帮助的时候，也会很讲义气。所以，这样的人关系网会越织越大。

在生意场上，一个人即使是行家里手，既识货又明理，而且又善于据理力争，但如果太计较小利，精明到骨子里，很难从他口袋里掏出一分钱，那么他的生意也大不到哪儿去。

那些有影响力的企业家，大多是出手大方、看重长远利益的人。太计较，生意只能局限在一个地方、一个行业。能把生意做到全国、全球，甚至跨行业的，肯定需要大眼界、大胸怀。

为人处世也是这个道理，见了谁都是口头上的朋友，却舍不得为朋友付出一丝一毫，那么他的圈子肯定大不了。斤斤计较的人，虽然得到了眼前利益，但是他们过分看重利益的个性暴露无遗，由此失去了人心、人脉，发展空间会越来越小。

苹果电脑公司前 CEO 史蒂夫·乔布斯在一次演讲中说过这样一句话："保持饥饿，保持愚蠢。"为什么要保持饥饿？因为人在饥饿的时候才会主动出去找食物，才会想办法。人不怕一无所有，就怕撑不死饿不着，守着弃之可惜、食之无味的鸡肋。

那为什么要保持愚蠢呢？因为只有让自己觉得自己不够聪明，才不会自大、清高，不会觉得自己有多了不起。

交朋友、发展关系，都要这样。有些人自以为聪明，就一定要把聪明用上，所以，总不按显而易见的道理去做事。这样做成功的可能性很小，因为真正的聪明人不是很多，但愚蠢的人也很少，所以，算计和小聪明大家都能看得出来。

该让利的时候主动让利，而不是独自算计，自然容易赢得对方的青睐。这样一来，对方看到你诚心诚意，自然也会退让一步，进而主动出手相助，那么大家一起就能把事情做好。

那些关系多、路子广的人，都不是斤斤计较的，他们不计算个人的小利，而是考虑长远的方向。

人脉点拨：在处理各种关系的时候，首先考虑对方的利益，善于站在对方的立场考虑问题，对方反而不好意思争利，甚至主动让利，那么双方就容易成为密切合作的伙伴。这就是算大账的智慧。

照顾对方的关切，关系就顺了

关系是什么，就是照顾到自己，也想到别人，你中有我，我中有你。在利益上，一个人独占不是“利益关系”；因此，凡是谈到“关系”的时候，一定要想到他人，并维护好他人的利益。当你与他人的关系无法进行下去时，应该想一想是不是利益分配上出了问题。有时候，你在利益上让一步，对方也会让一步，关系就顺畅了。

李嘉诚说过：“如果一单生意只有自己赚，而对方一点不赚，这样的生意绝对不能干。”意思是，生意人应该利益均沾，这样才能保持久远的合作关系。相反，光顾一己利益，而无视对方的权益，只能是一锤子买卖，必然将生意做断做绝。出让利益，你将得到珍贵的关系，而利用好这些关系，得到的将是更大的收益。正所谓“小利不舍，大利不来”。

在生意场上，你赚我不赚，生意不会长久；我赚你不赚，生意不会长久；我赚你也赚，才能做成生意。这也就是我们平常所说的“有钱大家赚”。举个例子，一家公司处于创业阶段，大家往往能够一视同仁，能产生凝聚力，只要谁把事情做好，就有升职的机会，谁就有一个发展的空间，这种机会是均等的。但是，当公司效益好了，一些人就会想：“公司该给我钱了，该给我升职了。”这时候，往往是利益失衡的开始，也是关系复杂化、矛盾化的开始。

同样的道理，处理好你与他人的关系，一定要善于从利益这个角度入手，去分析人们的立场、主张，以及对方的行为。许多时候，当人际关系出了问题，也多半是利益分配出了问题。在涉及利益问题上，一定不要吃独食，要学会分享。比如，在合作中，任何一方都应多为对方着想，多考虑对方的利益。如果只是想着自己多得到一些利益，而让对方少得到一些利益，这种合作伙伴关系必将走向破裂，受害的是合作的双方。

试想一下，在一项业务合作中，如果双方都拿 50%的利润，这个活动可以很好地进行下去，因为双方都感觉到自己的 50%是应该拿的。但如果一方只拿 40%，而愿意把利润的 60%让给对方呢？这样在短期内或许是吃亏，但从长远来看，你会赢得更多。

长期合作的收益远远比一次合作的收益要高得多，有着良好的信誉，有几家关系稳定的合作伙伴，是事业立于不败之地的重要保障。因此，懂得让利，在利润分享上大方一些，更容易赢得合作，让关系长长久久。

尤其是在生意场上，人与人交往的过程，本身就是合作的过程，只有在合作中才能实现交易。而在发展关系的过程中，主动与人分享利益，赢得的是他人的信任、更多的伙伴，以及未来的前景。

做任何事情，千万不要铁公鸡一毛不拔。相反，要经常让些利给别人。让利给别人，眼下像吃了点亏，但从长远来看并非吃亏。

事实上，让利于别人，别人不仅不会与你争利，反而会生出感激之情，更信任你。取得别人的信任比什么都重要，而取得伙伴的信任就更为重要。信任你的伙伴不仅不会让别人拆你的墙脚，关键时刻还会帮你一把。即使不能帮你，也不会落井下石。

在今天这个时代，利益独占已变得越来越不可能，明智的做法是不妨利益均沾，这样才能保持久远的合作关系。相反，光顾着一己利益，而无视对方的权益，只能是一锤子买卖，慢慢将关系做断做绝，最后弄得自己无路可走。

人脉点拨：任何时候，维持长久的关系，都要把握利益平衡这个基本原则。从某种意义上说，利益失去平衡，或者利益进行重新分配的时候，就是关系解体的开始。

没有感情，更要谈利益

撇开利益，只谈感情，你会发现，感情这东西是最不靠谱的。不论是谈恋爱、交朋友，还是谈合作，顶着一张嘴的铁公鸡，只有一个结果，那就是：有多远滚多远。

这个社会很现实，要处处讲利益，靠利益说话。即使是同事、朋友，看他们之间关系的疏近，只要看他们利益捆绑的程度便知。要说人与人之间一点感情没有，那绝对是假话。大家交往久了，真正的感情还是有的，不少人都有交往了十几年的老同事、老交情，并且一直保持着联系。但是，在职场不能过于注重感情，不注重不代表什么都不做，不代表冷漠。不注重感情，要注重什么？利益！也只有利益，有了利益公司才能生存下去，市场很残酷。很简单的一个道理：不考虑利益与领导、同事谈感情，你不可交；领导、同事因利益而伤害你的感情，他不可交；大家利益互补，或是共同受益，由此建立起来的关系才叫真感情，也是经得起考验的感情！

商业场合，没有利益，空谈感情，就是空口说白话，就是在骗取对方的信任。骗子行骗时，都是先和人拉拢感情。就是熟人间求人办事，也都是先谈感情。如，求你办个事、帮个忙，常会哥儿们长哥儿们短，末了还不忘加一句“举手之劳”。用意很明显：咱俩关系好，你不能不帮，再说这也不算个事；不帮，就是你的不对了。

人与人之间如果没情没利，就不会过多的交往，即使有交往，也很肤浅，顶多逗个趣、开个玩笑。可见，利是职场上交往之根、合作之根，它就像树根，情就像树冠，树冠能长多大，要看根能扎多深。说得不客气一点，求人办事或与人合作，不讲情不谈利，别人拒绝你都是你的错。

常听人们会说“这个朋友”“那个朋友”，其实，大多只是吃过一顿饭、见过一次面，或是不小心 QQ 加的，大家连对方姓甚名谁都不清楚，就冠以“朋友”之名，这种朋友是虚朋友，是假朋友。你指望和这种朋友谈情分，甚至把这种情分当福分，那就真是拿豆包太当干粮了。

和这样的朋友交往，感情要谈，但谈利益才是双方进一步交往的根本。不管是明着谈、暗着谈、羞羞答答地谈，还是厚着脸皮谈，该谈的一定要谈到点子上。人都有一张脸，许多时候面子是做给别人看的，切不可因为面子问题而拒绝谈利益。如你借了朋友几万块做生意，赚了钱，除了还上本钱，最好还上利息，如果朋友说

“算啦算啦”，你就算啦，那就太实在了。朋友要不要、看不看得起这点利息是他的问题，你谈不谈、给不给是你的问题。不谈，不给，朋友不一定计较，但做人显得小气。类似的交道打多了，你这个人的分量也就越来越轻了。

人脉点拨：在情与利面前，无所谓小人与君子。做人不能只讲利益，为了利益无所不做。但是，也不能畏惧谈利益。而且，要利益摆在明处，事情才能谈得更顺利，朋友才做得坦荡。反之，遮遮掩掩，这也不好意思，那也不好意思，只会丢了面子，输了感情。

助人的艺术：勿让别人产生亏欠感

许多人都习惯对别人只有付出，不求回报，认为自己这样就是高尚无私。事实上，这只是一种一厢情愿的“恩赐”。一味无缘无故地付出，或是不计后果地付出，你付出得起，别人未必受得起，为别人付出可以，但绝不要让别人产生亏欠感或不自在。

小欣住的楼下不远处有个废品收购站。是来自外地一个三口之家开的，租住在一个狭窄逼仄的车库里。这里，既是他们生活起居的地方，也是堆积废品的仓库。每天经过，小欣都会看到他们俯下身子忙着整理收来的废品。偶尔，他们会抬起头来， 露出一个友善的微笑。但看得出来，他们的生活过得并不宽裕。

每当家里有空饮料瓶或废报纸，她总是用一个袋子装好，趁早晨上班的时候，顺手悄悄地放到收购站的门口，然后离开。

一天早晨，她像往常一样，把一袋旧报纸放到那个门口，准备离开。没想到，那女人竟然出来了。她冲小欣笑了笑，然后指了指放在门口的旧报纸。小欣急忙摆手说："不要的，送给你们了。"没想到，她竟跑过来拦住小欣，硬塞给她两枚一元的硬币，并且说："姑娘，我们是收废品的，虽然挣钱不多，但也算是做生意的，没道理不给你钱的，快拿着吧。"听了这个女人的话，她感觉脸在隐隐发烫。于是小欣郑重地收下那两元钱。那一刻，她似乎也收到了一份尊重。

一位智者慈善家常说："施于人，但不要使对方有受施的感觉。帮助人但给予对方最高的尊重。这是助人的艺术，也是仁爱的情操。"在一些事情上，我们有些看似"帮忙"的行为，却不知不觉地伤害了别人的自尊心，真正的帮助，是基于尊重他人的目的，让别人感到自信和平等，这比一厢情愿的"帮忙"更让别人感到有尊严。

有些人很重视友情，很在乎别人的感受，所以，在对待朋友时，宁肯自己多吃些亏、多付出，以为这样可以换取朋友的认可与好感。其实不然。做任何事都要讲究度，就是帮助别人，太过了，也会让人产生严重的心理负担。因为当你为别人付出太多时，他会因无力回报你而感到有失自尊。为了让对方接受你的付出，适当的时候要学会索取，让他对你有所回报，这样，他的心理才不会失衡。尤其是与有困难的朋友相处，在付出时一定要考虑对方的自尊心。

同样，与有名声、有本事的人交往时，不要只想着忙前跑后赚人品，适当的时候要学会求教。因为对方有资源、有能力，你求助于他，方能显出他们的价值，你若抱着万事不求人的态度，该欠的人情不欠，也是对他人的一种“不尊重”。你没本事，求人不丢人；你有本事，求人也不丢人，反而衬托出对方的本事更大。再说了，关系要想往铁了处，双方必须要有人情往来。

什么事都分得两清、概不相欠，会让人觉得此人很难处。不讲条件、一味地付出，对别人是一种负担，让别人可能会产生一种心理压力；什么事都计较、一味索取，处处会落个没人缘的田地。所以，不论与穷朋友还是富朋友相处，该索取的时候也要索取，索取也是一种尊重。

人脉点拨：人与人的和谐共处之道，不是一味地施舍和怜悯，而恰恰在于给予和索取之间的平衡。只有达到这种平衡，我们才会有感情上的尊重，人格上的平等、心灵上的互敬。

第八章

和强大的人交手，和更强大的人交友
——强者的人生，就是不断给自己找对手

成小事者靠朋友，成大事者靠对手。对手既不是敌人也不是冤家，而是诤友、挚友。一种没有对手的生物，一定是死气沉沉的生物；一个人假如没有了对手，同样难免会变得安于现状、不思进取、知难而退，在惰怠和没落中消沉。要想成功，你需要朋友；要想非常成功，你需要的是比你更强大的对手。与凤凰同飞，必是俊鸟；与虎狼同行，必是猛兽！你能走多远，看你与谁是对手！

看人不顺眼，是自己修养不够

很多时候，当你带着个人好恶、感情来评价一个人时，往往会放大对方的优点或缺点。而当你习惯看到别人的缺点，并借以表示自己的客观、正确，甚至高尚时，往往不是那个被评价的人有问题，而是你的修养不够。

在生活或工作中经常见到这样的人：对身边的某个人怎么看都不顺眼，逢人就说："你看那某某某，怎么那么讨厌啊！"今天讲这个，明天论那个，总觉得身边越来越多的人都不顺眼，看谁都有毛病，看谁都来气。但他们很少反思自己，其实，自己才是那个最令人讨厌的人。

小陈名校毕业，有学问有闯劲儿，是工作中的一把好手，但就是有一个缺点：个性太强。刚到单位时，就常与同事发生一些不愉快。他说："我非常尊重老同事，他们水平不行，都混饭吃罢了，还倚老卖老，没一个顺眼的。"平时，看不惯这个拍马，看不顺那个装糊涂，有什么就喜欢嘟嘟两句，同事都忌讳与他交往。领导也曾委婉地提醒过他，不要破坏单位的工作氛围，他心里却有一肚子的怨气："你这个领导也就是个饭桶，只会抢别人的功劳，最后还要出来和稀泥。"

俗话说，同事既是朋友，也是对手。与同事关系处得好不好，会直接影响你的声望、工作。有时，即使你的看法没错，他就是个混饭吃的，就是草包，但这个草包能混下去，自然有他的生存道理，你能看出来的问题，同事、老板照样也能看出来，为什么要急匆匆地表达你的怨气呢？老板会给你加工资，还是会升你的职？

还有一种人，只要别人站在他的对立面，立场与他不一致，他刹那间就会把对方看得一无是处：人也变丑了、变笨了、变狡诈了……其实，人都喜欢以自我为中心，吃了亏就会认为自己是被算计了；出了错就是被冤枉的；被批评了就觉得很委屈……要记住，别人和你唱反调，不支持、不赞成你，未必是别人的错，但一定是你心理不够强大，个人修养还不够。为什么？

其一，别人的不顺眼之处，自己身上多半也有。看别人不顺眼背后的心理动因，就是自我嫌弃，不喜欢自己内在的某些倾向。比如，不喜欢自己的自私自利，就会关注别人自私自利的举动；自己很势利，喜欢利用别人，往往就会特别敏感，讨厌被人利用。人们通过否定别人身上这些“自己的缺点”，来重塑自我形象。

其二，别人的不顺眼之处，可能是自己欠缺的。看到新来的同事笑脸迎人，嘴上说着“只会拍马屁”，内心深处却是在责骂自己不会来事儿。自己在某些方面不如别人，就会心生嫉妒，下意识地避开人家身上的优点，把注意力集中在“缺点”上，也就越看越不顺眼。

此外，童年有过被至亲的人嫌弃、打骂、过度贬低等经历的人，内心自卑，容易在潜意识里形成一种莫名的怨恨，投射到身边大部分人身上，仿佛人人都是自己的敌人；从小被娇惯或成绩一向优秀的人，如果失去宠爱、恭维，巨大的心理落差会引发嫉恨心和失落感，逐渐看谁都不顺眼。

所以，当你看别人不顺眼时，不妨换个角度想一想，是不是自己的修养不够？我们有多不喜欢对方的某个方面，就有多讨厌自己内心的缺陷。只要你能认出它来，就已经踏上了成长之路。

要把不顺眼的人看顺眼了，至少要加强三项个人修炼。一是改变“衡量别人的尺子”。自己看不顺眼的人，其实也有很多好朋友。之所以看他不顺眼，是因为站在自己的角度，按自己的标准去看待、评价别人。衡量别人的尺子是我们自己设定的，不妨摆脱以自我为中心的位置，试着用大众标准去看待对方，往往能很快释然。

二是别用挑剔的眼光看人。金无足赤，人无完人。用欣赏的目光取代挑剔目光，或许更能看到别人身上值得称道的一面。

三是学会原谅和包容他人，即使对方先不敬，言辞间伤害了自己，也要尽量克制、忍让。人人都会出错，只有不去计较别人的对与错，才能得到别人的敬重与谅解。生活中，许多非原则性的事不妨糊涂点、马虎点、健忘点。

人脉点拨： 不管是被迫还是主动，当我们与别人较劲的时候，收获的是零和游戏。当我们都学会审视自己，并换位思考的时候，你赢我赢，没有输家。

不一定要死磕，对手也可成为朋友

你喜欢逞强斗狠吗？你总是心有不平吗？你有“此仇不报非君子”的愤恨吗？如果有，一定要看下面两则关于比尔·盖茨的故事。

美国的 Real Networks 公司曾经向美国联邦法院提起诉讼，指控比尔·盖茨的微软公司违反反垄断法，并要求其赔偿 10 亿美元。但在官司还没有结束的情况下，Real Networks 公司的首席执行官格拉塞却致电比尔·盖茨，希望得到微软的技术支持，以使自己的音乐文件能够在网络和便携设备上播放。所有的人都认为比尔·盖茨一定会拒绝他，但出人意料的是，比尔·盖茨对他的提议表现出出奇的欢迎，他通过微软的发言人表示，如果对方真的想要整合软件的话，他有兴趣合作。

众所周知，微软和苹果两大公司自 20 世纪 80 年代起就一直是对手，约伯斯和比尔·盖茨为争夺个人计算机这一新兴市场的控制权展开了激烈的竞争。到了 20 世纪 90 年代中期，微软公司明显占据了领先优势，占领了约 90%的市场份额，而苹果公司则举步维艰。但让所有人大跌眼镜的是，1997 年，微软向苹果公司投资 1.5 亿美元，把苹果公司从倒闭的边缘拉了回来。2000 年，微软为苹果推出 Office2001。自此，微软与苹果真正实现双赢，他们的合作伙伴关系进入了一个新时代。

常人不可理解的两件事都发生在世界首富比尔·盖茨身上，这绝非是一个巧合。比尔·盖茨的成功源于很多因素，包括他对商机的把握，他天才的设计能力，其中也包括他对对手所采取的态度。

面对竞争对手，一定要不屈不挠、咬紧牙关、迎面而上、决不退缩———这似乎是共识。但明智的比尔·盖茨选择了另一种方式：站到敌人的身边去，把敌人变成自己的朋友。

首先，当你决定打败对方的时候，对方也想着打败你。他既然能成为你的对手，就一定跟你实力相当，不是那么轻易对付的。退一步来说，就算你最终赢了对手，自己也会伤痕累累，而且可能就此树立一个敌人。所以，最好的办法不是打败他，而是像比尔·盖茨那样，友好地站到敌人的身边去，把他变成自己的朋友，实现双赢。

这不禁让人想起约翰·列侬的故事。1957 年，当时还默默无闻的约翰·列侬在一次小型演出中认识了 15 岁的保罗·麦卡特尼。演出结束后，保罗批评约翰唱得不对，吉他也弹得不好，约翰很不服气。于是保罗用左手弹了一段漂亮的吉他，向约翰展示了他的天才，而且他能记住所有的歌词，这让约翰大为惊讶。约翰想，与其让这小子成为自己将来的敌人，还不如现在就邀他入团。就在这天，20 世纪最成功的音乐搭档诞生了，约翰和保罗携手合作，组建了“披头士”乐队。这支乐队后来风靡全球，成为历史上影响最为深远的乐队之一。

聪明的列侬比比尔·盖茨更有远见：在对方还未成为敌人之前，快步上前，站到他的身边，把他变成自己的朋友。

在中国历史上，诸葛亮与周瑜是棋逢对手，原本可以成为知己，却终因没有放下对抗，没有放下敌对心态而遗憾不已。如果周瑜死时说的不是“既生瑜，何生亮”，试想，若瑜亮合作，三国之中舍我其谁?

可见，消灭敌人最好的办法，就是把竞争对手变成自己的朋友，对手一旦变成朋友，比朋友更可靠；朋友一旦变成对手，比敌人更危险。所以，与其与竞争对手“死磕到底”，不如与竞争对手一起“共赢未来”。

人脉点拨：这世间最好的报复，就是运用那股不平之气，使自己迈向成功，以那种成功和成功之后的胸怀，对待你当年的敌人，并将其变成朋友。

感谢“对手”，你会变得更强大

这个世界不能没有竞争，有竞争就会有对手，如何面对你的竞争对手，是需要智慧和魄力的。竞争对手是敌人，是死对头，这是人们的一般认识。不过，如果感谢竞争对手的存在，从中更深入地认清自己，那么对我们的成长无疑是一种巨大的帮助。

相较于朋友，只有对手才会让你更清醒、更真实地面对自己，而且丝毫不用顾忌你的感受。他会揪住你的缺点不放，冷嘲热讽地讥笑你，他给了你压力，让你充满激情、不敢松懈。你曾想方设法隐藏的缺点或毛病，早晚会被他别有用心地挖出来，你只有不断地修正错误、完善自己，才能最有效地防止对方不择手段的打击。

相反，朋友却往往会出于善意的保护，为你编织一个又一个的美丽谎言，让你躺在自己的缺点上沾沾自喜，意识不到自己身上存在的缺点和问题。莎士比亚在《第十二夜》中借助小丑的嘴这样说道：“我的朋友称赞我，把我当驴子一样愚弄；可我的仇敌却坦白地告诉我说我是一头驴子，因此，多亏我的仇敌才使我明白，而我的朋友却把我愚弄了……”

所以，对手并不可怕，没有对手才可怕。要知道，只有对手才能激发出你最大的潜能，让你投入全部的精力去跟他一争高低，也许，正是他的存在才让你变得优秀起来。看看你身边的对手，往往从他的身上，你才能真切地感受到自己的水平，认识到自己的缺点和不足。

动物学家对生活在奥兰治河两岸的羚羊进行了大量研究发现，

虽然河两岸羚羊的生存环境和食物储量相差无几，但东岸羚羊繁殖能力远远强于西岸的，不仅如此，东岸羚羊的奔跑速度比西岸羚羊每分钟要快 10 多米。

为什么会出现这种现象？动物学家深入研究后发现，原来东岸羚羊的附近生活着一个狼群，羚羊为了不被狼吃掉，每天都要全力奔跑逃命，而西岸的羚羊则不存在狼群的威胁，过着悠游自在的日子。动物学家随机把两岸的羚羊对换，结果放在东岸的西岸羚羊大多数被狼吃掉了，而放在西岸的东岸羚羊非但没死掉，队伍反而更加壮大。

现实生活中，大部分人的聪明才智、光辉成就，乃至不朽业绩，都离不开对手的打击和压迫。你所面对的对手越强大，源于你内心的压力就会越大，这样你的成长才会越迅速。

生活中的竞争无处不在。许多人习惯把竞争对手视为敌人，企盼“将敌人一扫而光”，还有的人发出“既生瑜，何生亮”的感叹。其实，这是一种不健康的心理。

事实上，竞争对手是我们人生路上最好的伙伴。因为，少了竞争，就没有成功。不竞争，国家不会富强；不竞争，企业不会成长；不竞争，个人不可能进步。以一种积极乐观的心态看待竞争关系，是每一个成功人士的选择。

所以，有了竞争对手是好事，要学会通过向对手学习来提升自己的竞争力，让自己变得更强大。具体来说，在对手面前要怎么表现自己呢？首先，保持心平气和，远离愤怒。一个人在愤恨交加的时刻，很难想出什么奇谋良策。感谢竞争对手，就没有了仇恨，这既有利于身心健康，更有利于想方设法战胜对手，避免自己乱了阵脚。其次，深入了解对手的不足，学习对手的长处。不愿与对手接触的人，是永远无法做到“知彼”的，而不能“知彼”，当然也无法战胜对方。再次，让自己获得一个得人心的好名声。“得道多助，失道寡助”，如果别人知道你连自己的对手都“爱”的话，那么，大家都会认为你是一个心胸豁达、宽宏大量的人，愿意在你的领导下成事。

《论语》中说：“君子无所争。必也射乎！揖让而升，下而饮。其争也君子。”竞争是不可避免的，但是一定要遵循规则，坚守基本的道义。面对竞争对手，要有“君子之争”的气魄。尽管“同行是冤家”，但是在与竞争对手相处时不妨表现出君子的风度，而不是四面树敌，这不但有助于建立自己良好的形象，还可以避免对手的直接反击。

人脉点拨：对手并不能使你倒下，时间也没有夺走你的一切，能让你认输的只有你自己——对别人要求松一点，就不会总失望；对自己要求严一点，就不会总沮丧。

把对手当镜子

唐太宗曾说：“以铜为镜，可以正衣冠；以人为镜，可以明得失；以史为镜，可以知兴替。”在现代人看来，对手恰恰就是一面永远明亮的镜子。一个没有对手的人，是很可悲的，也是脆弱的。也许他们很有能力，但他们只能活在看不清自己的世界里，因为他们无法正确全面地认识到自己的优势与不足。

吉姆·彭尼生活在美国一个小镇上，他在那里开了一家杂货店。在经商过程中，他牢记父亲的告诫：“你怎么对待别人，别人就怎么对待你。”

经过几年的出色经营，彭尼的商店日益红火，顾客越来越多。这时候，有人告诉他，镇上一家矿业公司控股的商店开张了，可能会对他的商店构成威胁。因为，这家商店处于垄断地位，而且它的大多数业务都是以赊销或代价券的方式成交，吸引了大批顾客。

起初，彭尼没有在意，因为他对自己的商店始终充满信心。在他看来，提供质量上乘的商品就能赢得客人，而且顾客愿意掏出现金把东西买回家去，这就是一条经商真理。于是，在接下来的经营过程中，彭尼的商店没有采取任何革新措施。

问题很快就出现了，彭尼遭到了退货，一些顾客对他的商品和服务表示了不满。经过一番反思，彭尼终于意识到了商店存在的问题——没有新奇的装修吸引顾客，所有的商品都摆放在柜台上，商品的单价始终保持不变。

这时候，彭尼不得不重视别人此前的提醒，他开始注意研究那个竞争对手的经商技巧，注意学习别人的成功经验。经过一番努力，彭尼开始大力改进商店的经营策略，他的生意又日渐兴隆。

接受了前面失败的教训，彭尼不再满足于只开一家商店，他开始走向连锁经营，注意保持上乘的服务质量。多年以后，彭尼的商店数量迅速增加，最后成了一个庞大的销售集团。

面对竞争对手，将其当作一面镜子，以开放的心态接受别人的经验，才能有大的发展和进步，进而获得巨大成功，在现实生活中，只有对手而没有敌人。

对一个人、一个公司来说，竞争对手的存在是不可缺少的，它是一个推动器：迫使你进步，因为它出的招数就是怎样去战胜你。如果你不想被打败，就应想出合理的招数去对付它，这就要求你必须不断地进步、不断地提高、不断地改变。

有了竞争对手，你才能时刻提醒自己，无论取得多大的进步或成功，千万不要自满、骄傲。现实的社会生活中，失败的第一定律不是失败是成功之母，而是成功是失败之母。因此，把竞争对手当作一面镜子，在对方毫不留情的进攻中发现自己的缺点，进而改正缺点，就可以达到完善自我的目的。

现实生活中，我们会本能地讨厌对手，其实不是对手本身有多讨厌，而是讨厌对手让我们看到了自身的残缺、不完美、无能为力……我们很容易把对自身的不满、挫败和失望迁怒于对手，恨不得置其于死地。以为打碎了镜子，自己就美了。可一旦没了对手，我们不是在独大的狂妄和虚荣中迷失，就是在生存无敌的寂寞中凋零。

所以，不论是生意场上的、工作上的，还是情感上的竞争对手，都要视之为自己的一面镜子，用一分为二的态度对待，既欣赏对方的优势，又能认识到对方的不足，然后用自己的优势去和对方的弱势竞争。

人脉点拨：在这个世界上，只有对手而没有敌人。以广阔的胸襟对待竞争对手，心怀一点感恩，会减少许多不必要的麻烦，拓展自己的舞台。

对手的实力，决定你的层次

人生不能没有对手，没了对手，就没有了竞争意识，你将变得孤独，失去激情，你就没有了进步的动力，所以我们要感谢一路上的对手。当然，人类社会的丛林法则表明，在羊群中逞英雄，永远也成不了气候；要做成事，必须要找强硬且有实力的对手，找又软又绵的不行，那自己也同流合污了。

著名数学家华罗庚曾说：“下棋找高手，弄斧到班门。这是我一生的主张。只有在能者面前暴露出弱点，才能不断取得进步。”可以说，对手的实力，决定了你的段位。与实力强的对手过招，本身就是一种历练、一种成长。

史蒂夫·乔布斯生前曾和比尔·盖茨是死对头。两个人自 20 世纪 70 年代起相互“缠斗”了 30 余年，口水仗不断。乔布斯生前多次表示盖茨心胸不够宽广，微软不希望看到苹果成功，他还说微软产品“没品位”，他“瞧不上”盖茨，因为“盖茨没有什么想象力，也从未有过任何技术创新。正因为如此，我觉得他更适合做慈善事业，而不是技术工作。他只是剽窃别人的产品创意而已”。

而盖茨则在不同场合反唇相讥，说乔布斯连电脑程序都不会，还称苹果是家小公司，iPad 成功难以持久……认为乔布斯“很古怪”,是“存在性格瑕疵的人”，乔布斯要么是将人说得一无是处，要么是引人误入歧途。不过他认为乔布斯的产品很有“品位”，自己愿意花双倍价钱购买。乔布斯去世后，盖茨很快发表声明，称自己与乔布斯一直为同事、竞争对手，以及好友，将永远怀念他。

瞧这一对“冤家”。难以否认的是，他们的成功得益于“对手戏”，都从对方身上找到了动力和启发。

虽然对手常常给自己带来紧张急躁、心神不宁、心烦意乱，有时候真有骨鲠在喉不吐不快的感觉，恨不能将对方灭了。然而，对手也像沙丁鱼运输车里那尾不停折腾的鲇鱼，如若没有它，众多沙丁鱼可能就会晕晕乎乎死去。

人也如此，生于忧患，死于安乐，对手乃另类“忧患”，是人心中的危机因子，也是人“生”不可或缺的激素。你可以展开想象，一个人的世界如果没有竞争将会是怎样一幅景象？或许我们可以从动物世界中依稀找到答案。

现在陆上最高的动物是长颈鹿，从前比长颈鹿庞大许多倍的是恐龙，而恐龙没有了。恐龙灭绝的原因很多，但有一个重要的原因，是它们没有强大的对手。恐龙的个头儿或许会超出许多人的想象，它们曾是地球上名副其实的统治者，而这也恰恰是它们灭绝的原因之一。

当然，有人研究指出，恐龙也在不断进化，长成了四脚蛇、蜥蜴、鳄鱼等样子，也许有道理。可这也正好说明四脚蛇、蜥蜴、鳄鱼在对手夹攻和紧逼中不断适应了环境，才能继续生存下来。

人自诩是“万物之灵”，自认为是这个世界或者是动物界的主宰，事实上所有动物都没能成为人类的真正对手。这是“斗智不斗力”的结果，要拿单项本领来看，人的鼻子不如狗，眼睛不如鹰，爬树不如猫，跑起来比很多动物都慢……其实这些本领在人类早期应该是擅长的或者是具备的。因为人类在统治世界的过程中，鼻子、眼睛等器官不再是决定因素了，所以退化了。

一个人在社会上生存，也是这个道理，你不可能像恐龙一样强大到没有对手。如果你的世界中真的没有对手，那你一定是不堪一击，你没有勇气成长，没有勇气面对现实。害怕对手，或者不去面对对手，只会让自己的能力加速退化。到最后，只能像温室里的花朵，渐渐失去适应整个社会的能力，让自己变成一个无足轻重的人。

人脉点拨：每上一个台阶就有一个更棒的自己。这每一个台阶或许就是一个对手，一个个对手组成了人生中的每一个台阶，或继续攀高，或停滞不前，这完全取决于自己对对手的态度。

在磨难中成长

“人在苦中练，刀在石上磨”，磨难使人成长，折磨你的人其实一直在砥砺你，对手是我们成长中的帮手。因此，我们要对对手说一声“谢谢”，感谢他们的磨砺。

尽管对手会给我们设置前进的路障，成为事业成功的绊脚石，但是正是因为有了他们的存在，我们才有了危机感，提高了警惕，学会了谨慎，无形中我们越来越强大。

罗曼·罗兰曾说：“只有把抱怨别人和环境的心情化为上进的力量，才是成功的保证。”的确，你只有感谢曾经折磨过自己的人或事，才能体会出那实际上短暂而有风险的生命意义；你只有懂得宽容自己不可能宽容的人，才能看见自己心中的辽阔，才能重新认识自己……”

谁都不能否认一个事实，要想成为人上人，想从众多的优秀者中突围，必须经历各种考验与苦难，甚至是种种挫折和打击，这的确是人生的不幸。可是，也只有经历了这些的人们，才会从别人的围追堵截中走出来。对他们来说，这些苦难就是上天的一种恩赐。

所以，对于那些对你围追堵截的人，要抱着一种感谢的心态，要主动适应，主动突围，而决不能报复。

“北大踹了我一脚，当时我充满了怨恨，现在充满了感激。”俞敏洪说，“如果一直混下去，现在我可能只是北大英语系的一个副教授。”

1985年，俞敏洪北大毕业后留校任教，后来由于在外做培训惹怒了学校，当时北大给了他一个处分。他觉得待下去没有意思，只好选择离开。那是 1991 年，他即将迈向人生的而立之年，离开北大成了他人生的分水岭。无论怎样，离开北大对俞敏洪来说都是一次挫折，但是，他没有因此而倒下、消沉，而是怀着一颗宽容自信的心，正确看待生活给予他的这一切。

是什么锤炼出人类最深邃和最高尚的思想呢？不是人类的学识，不是商业行为，更不是感情的冲动，而是苦难、磨难。在地球上生活过的最优秀的人，必定是那些受苦受难的人，他们温顺、柔和、耐心、谦逊而又平静。

在商界，成功商人奉行这样一种竞争哲学：宁失利益，不失关系，哪怕这种关系仅仅是维持和平共处的关系。因为钱失去再多也能挣回来，而一个关系一旦缺失就很难弥补，这样一个破裂、结怨的关系就如同一把宝剑悬在头顶，不经意的一击就可能把你所拥有的一切都断送掉。这也是成功商人变得强大的重要原因之一。

借鉴这些成功商人的经验，在为人处世中，我们也要学会认真对待那些为难自己的人。要怎么做？主要有以下几点。

首先，以德报怨，化敌为友。以德报怨，并不是说可以任人欺辱，任人宰割，高明的做法是，智谋与道义两全，巧妙地征服对你使手段的人，既让他们对你心悦诚服，又保证自己的利益不受损害。

以德报怨，化敌为友是避免别人伤害所能采用的上策。这样，你就会很容易把对手变成朋友。因为以恨对恨，恨永远存在；以爱对恨，恨自然消失。因而，在经商中做到不计较吃亏，甚至是主动吃亏，在得失上装一时的糊涂往往能得到长久的收益。

其次，承受失败和磨难。正确对待失败，首先要正确地对待失败所带来的痛苦，主要是精神上的痛苦。面对失败的打击，许多人精神涣散，失去理智，失去了防守和反攻的能力，放弃了眼前可以转败为胜的机会。这样的人，只会在磨难中死去。

遇到失败，最重要的是立即有效地克制自己的痛苦，集中精力，准备斗争。铁，要经过千锤百炼才能成钢；一个普通的人，要经过千锤百炼才能成为一个成功者、胜利者。整个过程，就是在承受磨难中完成的。

学会面对失败，能够承受痛苦，善于在磨难中保持积极向上的心态，这是反败为胜的前提和基础。

再次，想想下一步该怎么办。遭到突然打击后，首先要克制痛苦，把磨难当作一种激励。不要把注意力放在那些无用的感慨上，而应该集中精力想一件事：现在应该怎么办？

一个人能否承受磨难，只要看看他整天做些什么就知道了。积极乐观的人从磨难中寻找问题的根源，并采取行动，所以他们没有被磨难束缚住，反而把它当作了前进的阶梯。

另外，要学会扭转失败、远离磨难。扭转失败，其决定性的一步，还是要行动。要运用坚强的意志、高度的智慧和灵活的方法去争取胜利。不仅要克制痛苦、承受磨难，而且要乐观积极地行动，让自己远离磨难。

人在社会上生存，面临最多的是选择。我们必须根据自己所处的环境，加以思考再作决定。必须摒弃固执、收敛个性，圆滑、通融地接受来自各个方面的碰撞，其中也包括为你的对手祈祷！

人脉点拨：人要是惧怕痛苦、惧怕折磨、惧怕不测的事情，那么他的心中就只剩下“逃避”二字。其实，重要的并非你受到什么折磨，而是被折磨之后得到了什么。接受折磨并不难，接受折磨之后如何善加利用，那才是真正的困难。

留有余地的美

在许多影视剧作品中，时常会出现这样一个用餐画面：面包三五片，红莓、黄梨再加上半个橙子拼成一盘，很是雅致。但旁边一杯牛奶或果汁却总不是满的，至少有四分之一是空的。

现实中，许多讲究一点的饭店，在给顾客上一些饮品时，也大都是这样的，半杯多一些，从未倒满过。其中有什么玄机呢？当然不是因为小气，而是大有学问。

你自己可以做这样一个实验：

取一只透明玻璃杯，倒一半牛奶，会不会觉得太少？杯子一半是空的，一看就不够喝，小气得很。你可以继续倒，直至留有四分之一空间。这回看上去是不是很美？乳色的牛奶飘溢着诱人的奶香，四分之一的空间使杯子看上去玲珑剔透，于是有一种想喝的冲动，而且是呷上一口，再停下来吃片面包，很有情调、很是享受。如果你把牛奶倒满，效果就会大相径庭，那种美好的感觉顿时消失殆尽了。倒得太满，不但容易洒，而且会影响你喝下去的欲望。说白了，这就是留有余地的妙用，留有余地，不仅是看上去的一种美，更是感受上的一种美。

做人做事留有余地，是人生智慧，也是生活经验。雕刻人像时，鼻尖先留高一点，不像的话再慢慢削减，这是留有余地；做菜时先少放一点盐，不够再添，这是留有余地；新买的裤子，因为太长穿不了，去裁的时候叮嘱裁缝少剪点，以免剪短了不合身，这也是留有余地。

给自己给他人留有余地：利不可赚尽，福不可享尽，势不可用尽。人生大舞台，风云变幻，何处没有矛盾？何时没有纷争？社会上的人，有坦荡君子，也有戚戚小人。如果你没有包容的胸怀，就无法与他人和睦相处。与他人发生矛盾时，你若能够理解包容，留有几分余地，矛盾也许会迎刃而解，还会得到更多人的信任和尊敬。

有一年，世界原油价格大幅度上涨。美国石油大王哈默的对手大大增加了对东欧国家的石油输出量，唯独哈默反而减少了输出量，这让许多人非常不解，都想找出其中的答案。

记者杰西克·库思找到了哈默，就这个问题请教他。哈默说："关照对手就是关照自己。那些总想在竞争中出人头地的人如果知道，只要给对手一点点理解，就能赢来意想不到的收获的话，那他一定会后悔不已。关照是一种最有力量的竞争方式，也是一条赢取效益的最好的路。"挺有哲理性的一段话，让人深受启发，也为哈默的大度叫好，他之所以能够成为石油大王，与他的为人宽容有着很大的关联。

刺猬冬眠群居取暖，但它们从不挨得很近，因为太近，硬刺会伤到彼此。它们相近，却留有一定空间，这样既可以相互取暖，又互不伤害。

动物都知留有余地，才能彼此相容，何况人乎？切莫把事做绝，凡事留有余地，其实也是一种宽容。做事不可斤斤计较，退一步思量，没有想象的那样糟糕，彼此留有余地，真的会海阔天空。

古人云："以无形求有声。其钓语合事，得人实也。其犹张置网而取兽也，多张其会而司之。道合其事，彼自出之，此钓人之网也。"在处理事情的时候，更应该预留修正的空间。树与树之间，留有间隔的余地，才能长得更大。分人一杯羹，留一点时间和空间给别人，总会得到别人的回报。凡事留有余地，收放自如，让自己立于不败之地，才能在适度和完美之间找到新的平衡。

人脉点拨：留三分余地给别人，就是留三分余地给自己，留有余地，就不会把事情做绝，就可以从容转身；不留余地好比下棋时的僵局，即使没有输，也无法再走下去了。

如果不能战胜对方，就加入其中

今天的社会，已经不适合原始竞争，不适合长期的自然过程的竞争。这是因为当今社会的经济规模和市场准入门槛，以及进入后的资金运作方式已经发生了根本改变。

有位哈佛商学院的教授曾说过一句话：“把你的竞争对手视为游戏的双方而非敌人，将会更有益。”竞争越来越激烈、越来越残酷，但竞争越来越智慧、越来越理性。重要的一点，就是竞争不再是“你死我活”，而是更高层次的竞争与合作，追求的不再是“单赢”，而是“双赢”和“多赢”。

在人际交往中，要彼此和谐，互助合作。在面对利益时，与其独吞，不如共享。“双赢”是一种良性的竞争方式，它更有利于大家的健康发展。

秋天，大雁总是结伴往南飞，队伍一会儿呈现“一”字形，一会儿呈现“人”字形。那么，大雁为什么要编队飞行呢?

科学证实，大雁编队飞行能够产生一种空气动力，从而使得

"人"字形大雁要比独自飞行的大雁节省体力。也就是说，编队飞行的大雁能够在自己飞行的同时，为别人创造更加省力的机会，从而大家都飞得更远些。

另外，大雁的叫声激情四射，能给同伴以激励和鼓舞，使整个团队不断保持着前进的信心和毅力。

然而，当一只大雁脱离飞行队伍时，它会立刻感觉到独自飞行的艰苦，所以会很快回到队伍中，继续利用前一只大雁造成的浮力向前飞行。

一个飞行队伍中最辛苦的莫过于领头雁。当领头雁累了时，它会退居到队伍的侧翼，另外一只大雁会取代它的位置而继续领飞。

再看看徽商代表人物胡雪岩。他没有读过多少书，他却能从生活中总结出一套实用哲学，就是"花花轿子人抬人"。"一笔生意，两头赢利"，这是许多精明生意人的行事原则。一些聪明的商人都说 "生意不成情谊在"，这就是 "双赢" 的认识。从长远利益来看，你应该活用巧用"双赢"策略，彼此相依相存、共谋利益。

你赢我赢大家赢，人际交往中，尤其做生意，首先要顾及对方的利益，才能赢得认同、信赖、支持。那种不善于与人合作、只考虑个人利益的做法，是一种愚蠢的行为，只会让自己财源枯竭、山穷水尽。世上没有永恒的敌人，也没有永恒的朋友，只有永恒的利益。做生意交朋友，都是为了追求利益才走到一起，即便是竞争对手，如果能够顾及对方的利益，也能赢得信任、实现合作。

人脉点拨：在个人成长的道路上，你不懂得与人合作，势必四处碰壁；你不善于与人合作，势必无法释放个人潜能。而有了合作的智慧，你的人际关系就会成为你事业前进道路上的推手。

场上是对手，场下是朋友

“对手”的概念很广，包括恨你的人，也包括一定要击败你的人。就关系而言，对手是最好的激励，也是你人生中的靠山，他会让你像永动机般不知疲倦。

处理竞争上的人际关系，必须有一个好心态，这就是：竞争场上，大家是对手；竞争场下，大家是朋友。做人要上升一个层次，提高一个境界，必须要有这样的心态。不懂尊重对手，不能理性地看待对手，人生的高度就会受到局限。

看看那些有成就的人物，或在生意场上，或在学术观点上，或在竞技场上……他们往往会使出浑身解数，但是该握手的时候，还是会表现出应有的谦卑。这非但不会降低他们的高度，还会拔高他们应有的位置。

比如，两个乒乓球高手在场上恶战了几局，结果一方输给另一方，赛后，输的一方拒绝与对方握手，以表达自己的怨气与不服。其实，这并不会增长志气，反而会拉低自己的形象。现实生活中，许多人都会犯这样的错误，把对手视为冤家，视为不可和解的对象。不能把做事与做人分开来看，把胜负看得太重，结果往往是输了竞争又输人。

与对手过招，胜负算不了什么，别人胜了，你应去祝贺，这才能从中找出不足，以利于你日后的发展。与强者为伍，向强者学习，进步才能快。有强者做你的竞争对手，能激发你的热情和斗志，使你不敢放松自己，不至于消沉堕落。从这一点来说，你的竞争对手无疑是你的朋友，是你的靠山，在这种互相竞争中，你们同时获得了更大的进步、更高的追求。

竞争是不可避免的。例如，每个公司都存在要晋升谁、要给谁加薪的问题。但竞争的存在又不是不择手段的理由，竞争应该是正当的、合理的。竞争中人人平等，有成功必有失败，胜要胜得光明磊落，输要输个心甘情愿，这样对手才可成为我们人际关系中的靠山。

人脉点拨：是对手但未必是对头，对手强了，它能使人努力奋进、勇攀高峰，能使人共同提高、互勉共进，可以说对手是我们人生中的一座靠山。

少拆台，多补台

人际交往中，尤其是同事之间最怕互相拆台，本来很有可能办好的一件事情，有人拆台，结果办砸了；本来眼看就要成功的事情，有人拆台，也功败垂成了；本来就没有多大成功希望的事情，有人拆台，那结果更是可想而知了。拆台不仅会把所做的事情搞糟，而且会使被拆台的同事颜面丢尽，使今后的工作更加难以开展。

对于同事的缺点如果平日里不当面指出，一与外单位人员接触时，就很容易对同事品头论足、挑毛病，甚至恶意攻击，影响同事的外在形象，长久下去，对自身形象也不利。同事之间由于工作关系而走到一起，就要有集体意识，以大局为重，形成利益共同体。特别是在与外单位人接触时，要形成“团队形象”的观念，多补台少拆台，不要为自身小利而害集体大利，最好“家丑不外扬”。

人事部最近新来了一位经理，工作认真负责，下属对他也很尊敬。但是有一次在工作接触中，业务部经理王某不经意地向人事部的一位秘书透露了一个消息：人事部经理是某董事的亲戚，要不按照他的资历根本不可能坐上经理的交椅。言谈之间，王某流露出颇为不屑的神情。

这个消息在人事部很快就传开了。那位新经理却不知情，仍然像往常一样工作着，他只是觉得下属的态度似乎有所改变。以前下属见到他总是热情地主动打招呼，现在却似乎老远就躲着走了，尤其是资格较老的几位副经理，言谈举止间颇有些不敬之意。以前他每下达一项命令，总是能够得到很好的贯彻执行，但现在阳奉阴违的现象时有发生，工作布置下去，却往往不能很好地完成，甚至有人当面提出反对意见，使他面子上很过不去，工作阻力越来越大。后来他了解到，所有这些变化都是由王某的一句话引起的。通过这件事情，这两位经理之间很难形成良好的工作关系，这是显而易见的。

在现实生活中，我们也应该学会思考怎样获得双赢，不做拆台的人。其实，很多人的心里认为打击贬低了竞争对手，就是抬高了自己，就是令自己处在了有利的竞争位置上。这种思考模式其实就是一种致命的思想误区。

拆台的心理对于个人的成功，乃至社会的发展、经济的进步、民族的振兴，都有害无益，是一种巨大的内耗。要想处理好与同事的关系，就不要做拆台的人；不但不能拆台，而且还要想办法“补台”，给同事“打圆场”“争面子”，支持他把工作搞好，这样也就等于给自己争取到了一个同盟军，何乐而不为呢?

拆别人台的人，也必然会遭到别人反拆台的报复，你今天打他一拳，就要提防他明天还你一脚，这就形成了恶性循环，最终的结果只能是两败俱伤。

人脉点拨：拆别人台的人，必然不会有好人缘，因为在别人眼里，你不够光明磊落，而是一个喜欢给人下绊子的小人，不仅同事对你不满，不愿与你合作，就是上司甚至自己的下属，也不会喜欢拆台的人。

少树敌，多交友

在川流不息的社会生活和复杂的人际关系中，只有多结人缘、多交朋友，才会使自己的人生之路越来越好走、越走越宽。俗话说："多个朋友多条道，多个敌人多堵墙。"树敌过多，不仅会使人迈不开步子，即使能开展工作，也会遇到种种不应有的麻烦。

一次，小米科技联合创始人、董事长兼 CEO 雷军在接受央视记者采访时，讲起了自己的创业心得。他说："我创业比较早，我们最早做的是金山软件，通过 20 多年的创业以后我觉得如果能合作尽量合作，把朋友弄得多多的，把敌人弄得少少的，我自己的人生哲学就是想朋友越多越好。我说小米的策略是什么呢？少就是多，我每天都提醒自己少做一点事情。如果我们能克制贪婪又保持开放的心态，朋友理论上会越来越多，因为我们和别人竞争的可能性就减少了。"

从人际关系学的角度来说，少树敌，其实也是以退为进的具体表现形式，少树敌，等于多交朋友，才能把关系处理得妥妥当当。

在中国古代有这样一个故事：清河人胡常与汝南人翟方进在一起研究经书。后来胡常先做了官，名誉却不如翟方进好。胡常为此在心里总是嫉妒翟方进的才能。当与别人议论时，总是不说翟方进的好话。翟方进听到这些事之后没有以牙还牙，而是想出了一个退让的方法。

每当胡常召集门生、讲解经书时，翟方进就主动派自己的门生到胡常那里去请教疑难问题，并且诚心诚意、认认真真地做好笔记。

时间长了，胡常就明白了这是翟方进有意推崇自己，于是内心十分不安，以后在官场上就不再贬低而是赞扬翟方进了。

故事中的翟方进有意退让的智慧使他与胡常化敌为友。因此，在人际交往中，为了尽量避免树敌，你得养成一个好习惯，那就是尽量不去指责别人。

指责别人，容易伤害他的自尊心，容易积下怨恨，容易给自己树敌，这是得不偿失的。许多成功者的秘密就在于，他们从不指责别人，从不说别人的坏话以显得自己高明。

当你面对可以指责的事情，你可以真心诚意地去解决，其效果可能更好。

比如，你与同事曾经为了某个职位争得不可开交，如今你俩都是部门主管，但为将来考虑，你应找机会化解仇怨。

如在他生日来临之际，你为他组织一个生日派对，主动送他一些礼物。

如果对方升迁了，可以写一张贺卡，衷心地送出你的祝福。另外，再搞一个庆祝会，恭贺之余，不妨多谈喜乐之事，即便对过去的不愉快绝口不提，也会大大地拉近双方的距离。

人际交往中，应用商量的口吻、请教的诚意、轻松的幽默、会意的眼神，一定会使对方心悦诚服地改变自己的失误，同时，你还不会给自己树敌。但是，如果你错了，得及时向他人道歉，这样可以化敌为友，彻底消除对方的敌意，说不定大家以后还相处得更好。流传千古的“将相和”的故事，就是一个很好的例证。

要少树敌，最重要的一点，就是不要直接批评别人，更忌讳嘲讽讥笑别人。在生活中，举凡口舌之争，要多给对方取胜的机会，这样，不仅可以避免树敌，还会使对方得到某种满足。口头上的牺牲哪有什么要紧，何必为此结怨伤人呢？

人脉点拨：敌意是一点一点增加的，也可以一点一点消除。中国有句老话：冤仇宜解不宜结。为了自己的前程和事业，还是少树敌比较有利于自己。

第九章

友谊投资，易走长线
——人脉不是一天堆起来的

有钱人是怎样赚钱的？很简单：投资！谈到投资，人们往往首先想到钱财上的投资，但有一种投资，跟钱财关系不大，却是世界上最厉害的投资，它所产生的效果是所有投资威力的总和。它就是人脉投资——人脉是投资出来的，而不是天生就有的。投资不是花钱请别人吃饭，或者送礼，而是未雨绸缪积累交情，它是一种爱心，是一种义气，是一种恩德，是一种日久见人心的积淀，很难用价值来衡量。在你还没有足够强大足够优秀的时候，别着急痛苦这世界冰冷冷的像一块铁，而要懂得去挖掘、投资身边有价值的人脉关系。

临时抱佛脚，哪能不失望

在人际交往中，我们经常会碰到这样的情况：对交情一般的人，有事要找对方的时候，少不得先联络感情。他们通过各种方式接近你，比如，先在电话里寒暄几句，也有时提前十天半个月先找你吃个饭、叙叙旧。

但是，一旦我们发现了真相，心里难免不舒服：原来你是利用我的感情！为什么临时抱佛脚如此令人反感？为什么太势利的朋友不招人待见？

势利之人，往往趋炎附势、唯势是攀、见利忘义。他们不讲人情、不顾面子，只要利益，赤裸裸地表现出对权势的巴结和对财利的追逐。在他们眼里，连做人的尊严都可以抛弃，只知道一味地阿谀奉承。

势利者不可能有好人缘，因为他们总是在追逐着权势，而一旦他人的权势丧失，他就会转投其他，攀附一个更为有权有势者。甚至在他需要的时候，还会出卖他人来换取更大的资本。

势利不但是可鄙的，而且还是很危险的。试想，一个人得势时，门庭若市，众人趋之若鹜；一旦失势，便树倒猢狲散，甚至墙倒众人推，岂不可怕？

曾听到过这样一件事：

某地方的上市公司董事长和他母亲一起去上海的大医院看病。没过多久，传来噩耗，病没治好，人却去世了。

听说此事后，一些逢迎之徒马上行动了起来。他们知道，这是巴结这位董事长、获得晋升或利益的绝佳机会。于是，他们怀揣自己的算盘，显示出自己的神通。有的忙着考虑送什么东西合适；有的惦着怎样把丧事办得阔气一些；想求这位董事长办事的人，则更是挖空心思要送一份特别的礼金，以便给他留下好印象。因为，谁都知道这位董事长是有名的孝子。

正在大家准备的时候，又传来消息，说董事长已到了乡下老家。大家急忙拿着各种各样的丧葬物品准备出发。等走到半路上，才知道死的是董事长，而非他的母亲。原来是他母亲听说儿子要去上海看病，一定要跟去才放心。

闻听此言后，大家像泄了气的皮球，一下子就垂头丧气了，纷纷打道回府。显然，董事长一死，还有什么必要送礼呢？

听过这件事的人，无不感叹人情冷酷、世态炎凉。

传统的社会是“熟人社会”，如果只在利益的驱动下与人交往，别人上了一次当后就不愿再与你交往了，而你也将被视为势利之人，再难以立足。

俗话说：“以势交者，势倾则绝；以利交者，利穷则散。故君子不与也。”因此，无论是什么人，最重要的，不要仅以财势、地位来衡量他人。如果以财势、地位来衡量人，自己的人格就比别人高尚吗？充其量也不过满身铜臭味罢了。

待人须实实在在，不可势利。挺直腰板，堂堂正正地做一个“大写”的人，这样，你必会赢得他人的尊重，也会交到众多的真实朋友。

人脉点拨：势利者很像契诃夫笔下的“变色龙”，见什么人说什么话，投人所好，八面玲珑。这种人虽然一时可能使人对他产生好感，但时间长了，别人就会看清他的嘴脸，对他不屑一顾。

不是世态炎凉，是你用心不够

现实生活中，每个人都有一群自己的朋友，可是真正有价值的朋友为数并不多。于是大家会抱怨人情冷暖、世态炎凉。要知道，在人际关系越来越商业化的今天，交朋友越来越不易，交知心朋友更是难上加难。

很多时候我们羡慕小朋友，即使马路边的偶遇，也会玩得热火朝天。可成人呢？随着年龄的增长，知心朋友却越来越少。想想，小学的、中学的、大学的、工作上的、日常交际的，掰着指头数数，真正的朋友有几个？

朋友少，能成为“潜力股”的朋友就更少，不是因为世态炎凉，而是因为我们用心不够。随着年纪越来越大，我们的阅历越来越丰富，这是好事，但也是一件痛苦的事——在人际交往中，我们的顾忌会越来越多、防备会越来越深。当我们总是带着戒备的心理与人交往时，又怎么能指望别人打开心胸，坦然接受你呢？

当你打开心门，即使是陌生人，也可以成为趣味相投的朋友。有这样一件事例，一所学校外面有一条清幽的小路，早晨常有人到这里跑步锻炼。一位姓王的教师和一位姓高的教师，每天跑步之后在这里相遇，然后一起散步，边走边聊天，由一般的寒暄到互相了解。

时间长了，发现两个人都爱好写作，少不了交流体会看法。彼此虽没有物质的交往，只是一种信息和思想观点的交流，但依然有很强的吸引力，彼此都觉得受益匪浅。

后来，他们共同语言越来越多，形成了习惯，不管春夏秋冬，不约而同准时到这里会合。最后，虽然王老师被调到北京，但还经常打电话问候高老师，二人保持着密切的联系。

从上面的例子可以看出，如果你是用了心的，对方会感受得到，对方也会信赖你。真正有价值的朋友，一定能经受得住对方的考验，一定是用了心的。这种用心，不需要精心设计，只需要细心观察、认真体会，用时间来证明一切。

如果你对朋友不够用心，把自己看得很重，总是先视别人的表现，再斟酌自己的付出，即使是再好的同事、朋友，也未必能拉近双方的心理距离，甚至只会成为熟悉的陌生人。

张彬在一所普通中学执教，和周围的同事相处得不错，大家称兄道弟，彼此亲密无间。

但是，一个偶然的机会，张彬通过关系被调到市里的重点高中去了。当时，由于并没有突出的业绩，张彬虽然顺利调入了那所重点高中，但以后每次回原单位的时候，他总觉得大家看他的眼神怪怪的，这使得他心里很不自在，所以在这之后他每次回原单位办事，一般都拣人少的时候去，并且办完事就走，唯恐碰见老同事显得尴尬。

随着时间的推移，他就更少和原单位的同事联系了，偶尔遇见，也只是象征性地寒暄几句。张彬怀疑大家看他到了重点学校后眼红，而原单位的同事也觉得很诧异——究竟是大家不小心得罪了张彬，还是人家看不起咱们了？最后，张彬和同事们原本和谐的关系就这样淡漠了。

张彬并没有意识到：自己离开后，和同事们接触的时间本来就少了，大家之间的感情肯定随着时间的推移慢慢变淡，如果自己不知道去修补人脉的话，人走茶凉也就在所难免了。如果他想保留这一股人脉的话，回到单位，他就应该和原来没有什么两样，大家谈天说地、其乐融融，和上司、同事保持相对密切的联系，这样往往能够收获更多的信任和机遇。

要让朋友成全你，你得先成全对方；要让朋友对你用心，你得先用心对朋友。人心都是肉长的，你是否用了心，别人感受得到。所以，朋友相处，不要一受伤就急着抱怨世态炎凉，如果你真的用了心，而朋友依然辜负了你、伤害了你，一定是自己做错了什么。

人脉点拨：人都是孤独的，即使在人群中玩闹，都是渴望能有个人能真正触碰到内心，但又怕别人不理解，又在心灵上加一扇窗。所以，多为别人打开心灵之窗的一点点缝隙、多些参与、多些感受，会比整天打闹在一起有用得多。

有事没事多走动

聚集人脉，平时也要抱佛脚。感情是一种很微妙的东西，它不是一朝一夕就形成的。它重在平时一点一滴的积累。

“功夫用在平时”，这是一个放之四海而皆准的道理。朋友关系固然讲究“君子之交淡如水”，但是如果彼此长时间不联络，恐怕再好的哥们儿也会生疏。所以，想要在关键时刻获得朋友的鼎力支持，一定要平时多走动。

许多人都有这样的体会：当自己遇到某种困难的时候，首先会想找个朋友帮助解决，但是转念一想，这位朋友已经好长时间没有联络了，这时贸然请人家帮忙又会感觉太唐突了。担心什么呢？无非是怕遭到对方的拒绝。

要保持良好的人缘，你必须跟你现有的朋友经常联系。有空给远在异地的亲人、朋友打打电话、通通信，询问一下对方近来的工作、学习情况，介绍一下自己的情况，互相交流一下，这是很有必要的，这点时间绝对不能节省。

碰上亲戚、朋友的人生大事，如果有空最好参加。如果实在脱不开身，最好也写信或托人带点什么，不然怎么算得上亲戚、朋友？

关系就像一把刀，常磨才不会生锈。朋友关系像鲜花一样，需要我们精心呵护才能长久维持、花香宜人。平时不注意与人方便、不保持必要的联络，等到有求于人时才想到对方，尽管自己很有诚意、下的功夫很大，结果往往收效甚微，甚至会碰一鼻子灰。

真正善于利用关系的人都有长远的眼光，早做准备，未雨绸缪。因此，有了朋友这层关系并非万事大吉，随便就能拿来使用的；想要让朋友给自己出力，必须多与朋友联络，平时主动关照对方。如果用人在前，不用人在后，不考虑别人的感受，怎么能维护朋友间的真情？关键时候怎么结交、依靠朋友？

朋友间多走动有以下几个好处：

其一：好人缘是一滴一点积累出来的。

赢得好人缘，还要有长远的眼光，要在别人遇到困难时，主动帮助，在别人有事时热情支持不计回报，该出手时就出手，日积月累，留下来的都是人缘。因此，在人际交往中，不要计较一时的得失。平时与人搞好关系，主动伸出援助之手，你的举手之劳会给你带来意外的收获。

其二：冷庙烧香，才能烧出效果。

你的相识之中，有没有怀才不遇的人？如果有，这就是冷庙，这个朋友是个有灵的菩萨，应该与热庙一样看待，时常送去实惠。虽然他不会还礼，一旦他日后否极泰来，他第一要还的人情账，当然是你的。他有还账能力时，即使你不去讨，他也会主动还你。

即使他仍在坎坷中，请求他帮你办事，他一定会尽力去完成，且不惜乞援于人，以达到你的目的，而实现还人情账的心愿。所以冷庙烧香，是有利而稳健的人情投资。

其三：患难见真情。

现实生活中，当我们听到亲朋好友家有人生病或遇上不幸的事时，应马上想办法去看看。平日尽管因工作忙和学习重没有很多时间来往，但亲人朋友有困难鼎力相助或打声招呼，才能显出你们之间的深厚情谊来。患难朋友才是真朋友，关键时刻拉人一把，别人会铭记在心。因为在这种时候，对方可能更加需要你的帮助和关怀，而这时也是你投资人情的最佳机会。

朋友相处，不要等到需要获得别人帮助时才想到别人。尤其是投资朋友中的潜力股，一定要注意平时多下功夫，循序渐进。最忌讳的是，需要对方帮助的时候热忱相待，不用的时候马放南山。

人脉点拨：如果不想沦落到请吃饭都没人赏脸的惨境，那平时就多与朋友保持联系，哪怕是无事相求。这不会花费过多的时间和精力，却可以增进朋友间的感情，保持友情的温度。

路子要想宽，就要把精力用在有用社交上

什么是最有用的人脉资源，人脉资源也有没用的吗？当然，有些非但无用，还会起负作用；有些人现在有用，将来可能无用；有的人现在无用，将来会有大用。只有学会用变化的眼光看待人脉资源，才能真正上好人脉投资这一课。

如果你现在年轻，社会经验少，且什么都没有，那你很难结识到权重位贵的人。但如果你在某方面很有才，或有重要的人脉关系，抑或就是有个很了不起的老爸，那肯定会有人在你身上投资。虽然你现在对投资者无用，但是，他们看重的是你将来对他们的回报。比如，单位里来了一个很不起眼的新员工，做事低调，不显山不露水。那很多同事就不会把他当回事。如果这个新员工是董事长的侄子，领导把他调到公司某个部门，只是为了锻炼、积累经验，那是不是身边的同事还会无视他的存在？从人性的角度看，肯定不会。

人性都是趋利的。如果你现在对身边的人没有些许价值，且大家都不看好你的未来，那你想建立有层次的人脉会难上加难。但这并不妨碍你与优秀的人结交，尤其是在职场上，那些身居高位的人你可能攀不上，更别说为你所用，但是，你可以从那些与自己处于同等地位的人着手，培植未来的潜力人脉。

晚清商人胡雪岩在商场上取得辉煌的成就，说白了，靠的就是

这一招。胡雪岩在商场上之所以能够畅通无阻，就是靠他早年资助过的王有龄这个靠山的倾心相助。那么，一个前程似锦、最后官至督抚而又与胡雪岩没有任何血缘关系的官员，怎么会对胡雪岩如此信赖呢？这就是胡雪岩当年的高明之处了。

受经商之风的影响，胡雪岩 12 岁时，在父死家贫的窘境下，告别寡母，只身去杭州信和钱庄当起了学徒。后来，他结识了身无分文的王有龄，虽然自己也是个穷光蛋，但他还是慷慨解囊，结交了这个穷朋友。日后，王有龄科考登第，步入官场，胡雪岩迎来的是千金难求的贵人。

天下之大，人事之繁，别人为什么要给你路子？为什么乐意帮你开拓路子？答曰："人情使然，有了人情也便有了路子。"正所谓，人情大，路子宽。因为做人情，就好像你在银行里存款，存的越多，存的时间越久，红利越多。应用之道：你送朋友一个人情，朋友便欠了你一个人情，他是定要回报的，因为这是人之常情。有人会觉得，这样一往一来，仿佛商品买卖，我给了你钱，你就必须给我商品。其实不尽然。人情的偿还，不是现钱的交易，钱物两清，咱们两讫了，那样太没人情味。你不欠他，他不欠你，将来你去找他，他凭什么给你面子？

所以说，在这个世界上，你如果想活得滋润、活得风光，就必须有一些能使自己成才、成器或成事的路子，包括生存的路子、发财的路子或者成就某一事业的路子。通常，这些路子都不是能靠自己单枪匹马硬闯出来的，必须借助他人指引、引荐、支持或帮助才能找到方向、踏上征程。从某种意义上说，这些路子都是别人给的，或者说是别人帮助开拓的，前提是，你要懂得做人情投资，懂得把有限的时间、精力、金钱用在最有用的人脉资源上。

人脉点拨：对中国人来说，人情就是面子。给对方面子，他才会认同你、感激你。等到有一天你需要援手的时候，对方才会雪中送炭，助你渡过难关、成就大事。所以，平时一定要做好人情投资。

看人不短视，为人不自傲

现实生活中，越是自以为很牛的人，越容易犯短视的毛病，越容易看不起这个、瞧不起那个，总觉得“老子天下第一”，谁都不如自己，自负、清高，还有点恬不知耻。

有个年轻人，从小家庭条件不怎么好，书读到初中就辍学，开始闯荡京城。之后的十几年，他都消失在人们的视线与记忆中。偶尔有人提起他，都觉得他出息不了，要文化没文化，要形象没形象，终归一辈子受苦受累的命。一天，老同学把他拉进了同学微信群，他的话不多，别人也不怎么搭理他。一天，有人无意中透露，说他在老家的一个县城的某个项目中投资了几千万，且这件事还上了当地政府网站。之后，不管他在群里发不发言，都会有人有意无意地把一些话题往他身上扯，希望与他建立某种联系。有的说“我们当年是一起光屁股耍大的”，有的说“从小他就表现出过人的天赋”……但这些人忘了，当初讥讽、贬低对方的，也恰恰是自己。

所以，人不能犯短视的毛病，不管你将来是否用得着对方，都不要把眼前这个你看来无用，甚至有些讨厌的人看得一无是处。

很多人当初穷得叮当响，说话没分量，求人没面子，谁也不把他当回事，一旦发达了，是个人物了，你想高攀都来不及了。有个朋友月入两万的时候，一帮人没事便会拉着他去喝酒，后来创业需要钱，和谁张口都碰钉子，大家都像躲瘟神一样躲着他。用他的话说，什么哥儿们啊、朋友啊，全都不见了。最后他创业成功了，那些当初借钱给他的人，就是很有眼力的人。

可以说，一个人的成长变化，是综合个人努力、机遇、贵人相助等各种因素的结果，我们很难单从性格或家境等某一方面来断定某人日后必定如何如何。所以，从势利一点的角度来看，贵人该巴结时要巴结，小人物该结交时要结交，两边下注，这也是有眼力的聪明人惯用的人脉投资方法。

当年马云创业的时候，逢人就讲互联网那套东西，所有人都觉得他是在忽悠，甚至有不少人认为，他根本就是一个互联网骗子，他的话怎么能信？结果，马云真的牛了，而且不是一般的牛，当然跟着他混，或投钱给他的人也牛了。不能说这些人当初是靠赌，其实是靠眼力——相信这个其貌不扬的家伙，注定会变得不平凡。正所谓“昨天你对我爱理不理，今天我让你高攀不起”。

所以，不管你身居何位，对身边的每一个人都要心存敬畏。别人优秀，要学习；别人平庸，也不要贬低。谁也不知道一个人将来会有什么样的变化。有的人稍牛起来一点，就喜欢贬这个损那个，经常把人贬得像抹布一样，说到底，这些人还是短视，注定成不了大器。

任何时候，不轻一人，不废一物。不要嘲笑他人的努力，不要轻视他人的成绩。每个人的价值不同，无须对任何人不屑。你眼下瞧不起的这个人，或许将来会成为你的上司、你的老板，或者你事业上的导师，也可能成为你的对手，甚至你的死敌，至于他会成为你的什么，一半要看他的造化，一半要看你的眼光。

人脉点拨：别忘了这世界是变化的、不确定的，今天那些你认为非常有用的社交，到明天可能一文不值；今天你不屑一顾的，明天或许是对你唯一有价值的。所以做人不能有傲气，看人不能太短视。

不要只和合得来的人交往

一个人如果人际关系薄弱，应酬能力又不到家，那路走起来会很艰辛。不论在什么行业，朋友多、关系广，总归是有好处的。老实人的思想比较闭塞，生活的圈子也较窄，这会让他们在急速变化的社会中产生一种危机感：自己越来越孤立，越来越跟不上时代。

十几年前，王先生在一家租赁公司上班，关系网一片空白。每次开会，老板都会强调在生活中与客户建起感情的重要性，王先生认为生意归生意、朋友归朋友，整天“拍”着客户没有必要，再说，客户也是指望我们赚钱，为什么一定要委屈自己呢？所以，他一直信奉着自己的交际原则：清白做事，本分做人。一转眼 10 多年过去了，小杨变成了老杨，朋友还是那些朋友，事业还是那份事业，没有大的发展。当他筹划成立一家公司时，才发现自己的人脉少得可怜，除了酒友，就是牌友，朋友圈都是上班一族，都没有创业的经验，所以他感叹：以前不重视关系，也不想发展关系，只习惯与合得来的人交往，结果自己的层次被越拉越低。

如果你想创业，身边都是有过创业经历的朋友，他们很容易给你一些中肯的建议，会让你少走许多弯路。这就是有层次的朋友的价值，他们不需要你刻意付出什么，可能只是一顿饭的时间，或是一个电话，就能带给你最想要的东西。

着眼于长远，要想让自己的人生境界更高、事业更大，必须结交更高层次的朋友。有些东西你也许一辈子都悟不到、看不透，但是过来人的一个点拨，可能就会让你茅塞顿开。如果只认老圈子、老交情，喜欢与张三交往，不喜欢与李四共事，把人情线划得很清，只会让老关系变为“烂关系”、新关系变成没关系，久而久之，自己只能越来越孤立。

所以，做人也要真真假假、虚虚实实，不要一味只与合得来的人交往。所谓的“合得来”，也只是一个相对的概念。简单来说，就是大家在性格、品行、习惯、趣味等方面相娱相悦，哪怕是臭味相投。这种合得来没有功利性，也不会因为双方身份和地位不同而发生变化，完全是出于一种感情与精神需要。

不同的人身上有不同的优缺点，大家合得来，意气相投，固然是好事。和别人合不来，要知道是自己的问题，还是对方的问题，如果是自己的问题却意识不到，那合得来的人会越来越少。

再说，即使你与别人再合得来，相互之间也存在利益关系。人与人交往，本质上就是某种程度的利益交换，所以，不能总是用所谓的道德标准与主观好恶来评价一个人可不可交。人与人之间互有利益上的需求是再正常不过的事情。通过互利互惠、互通有无、取长补短、相互合作式的人际交往，可以办成一个人通常难以办成的事，这就是人脉的力量。

金无足赤，人无完人。习惯以主观好恶评判一个人，则天下没有什么人可以交往了。以合得来与否作为人际交往的标准实在是一种偏见，为人处世，既要交合得来的朋友，也要交合不来的朋友。

人脉点拨：要增强自己的社会生存能力，必须把自己置于立体的人脉空间中，广交朋友，这样才能领略各色人的情怀，与不同的人产生思想碰撞。否则，一旦合得来的人有朝一日合不来，那岂不是无人可以交往了！

与优秀的人深交

在现实生活中，你仔细观察就会发现：有钱人的朋友一般都是那些有身份、有地位、社会资源极其丰富的人，而穷人的朋友大多还是另一些穷人。所以说，穷和富不是没有缘由的，好和坏也是有根本差别的。明白这个道理的人，会发自内心地感叹：再穷也要站到富人堆里。

为什么呢？因为和富人做朋友，你就会在潜移默化中学习他们为人处世的方法，了解他们独特的思维，进而让自己也具备富人的素质。也就是说，你和谁交往，在很大程度上决定了你会成为什么样的人。

在我们身边，有些人奋斗了几年，成了有钱人，过上了自己想要的生活；而有些人仍旧挣扎在贫困的最底层，为最基本的生活保障奔波忙碌、流血流汗。其实要知道原因并不难，看看他们都在和哪些人交往就一清二楚了——有钱人的朋友都是什么人，那些穷人的朋友又是什么人。

有这样一个故事：有一位农民在 20 岁那年决定在县城里开一家小饭店。一天，他见离饭店不远处有一辆轿车出了故障，这时候外面正下着大雨，车主急得抓耳挠腮、无计可施。他便叫店里的司机开货车送他回家，而自己则帮忙看着那辆出故障的车，直到第二天车主回来取车。

后来，他才知道车主竟然是本县的一位著名企业家！这一下不要紧，他雪中送炭的举动让企业家很感动。在企业家的支持下，他改行做了五金和建材生意。企业家还把本地另外几位出名的大企业家介绍给他认识。一下子认识了这么多大人物，让他受宠若惊。很快，这个小老板就在商场上大展拳脚、发达起来。

一个人的价值，很大程度上取决于他经常交往的人，也即是他的人脉关系。你不妨了解一下身边的成功人士，算算他的身价。办法很简单，只要找出他身边最要好的几个朋友，将他们的薪资平均，那么这位成功人士的“价值”就算出来了。

你还可以猜猜，和比尔·盖茨先生关系最好的3个朋友是谁？其中之一，便是同样大名鼎鼎的巴菲特。你可以将他们的工资平均一下，是不是跟比尔·盖茨的工资相差无几呢？

如果你没有显赫的家世，没有傲人的学历，也没有娶到亿万富豪的千金小姐，或是嫁给身价过亿的有钱人。那么，你还有另外一种选择，可以改变自己的人生命运，那就是从现在开始积极主动地和比你优秀的人交往，积累你的人脉，并将人脉的力量最大程度地发挥出来。用不了多久，你就能发现自己获得了突飞猛进的发展。没错，这就是“选择性交往”带给你的好处。

在现实生活中，下面的两种人是值得你重点交往的。

一是优秀人士。成功，从改变自己身边的朋友开始！因为“近朱者赤，近墨者黑”，与谁交往将会决定你成为什么样的人！如果你想成为一个优秀的人，结交高含金量的人必然是你奋斗的重中之重。也许你会说，这太势利了。但是别忘了“人往高处走，水往低处流”的道理，让自己现实一点，脚踏实地地努力，有什么不好呢?

二是能帮助你的人。多交朋友没有错，但是你要知道：并不是你认识朋友就能成功，关键还要看你的朋友是谁，你的朋友是做什么的，你的朋友处于一个什么样的层次。如果你总是和一帮酒肉朋友交往，天天陪他们去喝酒，喝酒后还要耍酒疯，那肯定干不出大事业来。因此，想成功，想改变命运，你就要认识有能力让你成功、有本事帮你改变命运的人。

想要提升自己的身价，就要去认识那些身价高的人！你一定要让自己明白——在这个现实的世界里，一个或是几个关键朋友就是改变你命运的稻草。这根稻草有再生的功效，能让你的命运重写、人生重塑!

人脉点拨：与其一味地追求朋友多，倒不如学学聪明人的做法，知道自己想要什么，专注于事。这或许是一种模仿，但朝着优秀的人的做法去靠近，总不是什么坏事。

你能走多远，取决于你与谁同行

“一个篱笆三个桩，一个好汉三个帮。”人生成功的要诀在于，不仅要与亲戚、师生等拉关系，还要广交天下朋友，织成庞大的人际关系网络。多个朋友多条路，各路朋友皆能派上用场。

当然，朋友可以用来“抬轿子”，可以在你需要时助你一臂之力，但关键是，你得值得抬，且朋友有帮你的能力。你本身就是个鼻涕虫，连别人起码的尊重都不能获得，叫别人怎么抬你的轿？大凡在朋友圈中能一呼百应的，做人都不简单，不简单的人交不简单的朋友，这才符合常理。真正有价值的朋友，一定是相互能产生吸引力的朋友，不是你请我吃饭、我替你买单这么简单。

小刘是某大型电子公司中的一名中层管理干部，在业务上相当出色。平时，他虽然交往甚广，但是交朋友很用心，他知道哪些朋友是场面朋友，哪些朋友是可靠的朋友。嘴上的朋友，他也会当朋友，但不会过多地投资自己的感情与时间；那些有价值的朋友，他才会认真对待。

有一次，他参加一个电子行业内的技术交流会，结识了某猎头公司的资深猎头顾问，彼此都很欣赏对方的才华，之后渐渐成了朋友。他平时经常会与对方探讨一些行业问题，也会帮对方出谋划策。有时，对方遇到什么难题，他也不计较个人得失，鼎力相助。对方觉得他这个人可交。有一次，猎头朋友打给他一个电话，推荐他到一家国企任职。最终小刘以优异的表现赢得了那个位置，薪水翻了好几倍。

世上没有无缘无故的朋友，要让别人赏识你、重视你，首先自己必须要有才华，要懂得选择朋友。不是说你社交广就一定朋友多，有价值的朋友，一个可以抵得上十个、百个无用的朋友。

人缘和事业是个良性循环网络，彼此相长。只要是事业成功的人，都拥有超出常人的社会交往，他们经常参加各种各样的交流会，处处展示着积极主动的态度，不断结识比自己更加优秀的同行、潜在的客户、未来可能的雇主。他们善于适时适地、恰到好处地展示自己的过人之处，给大家留下良好的印象。

虽然不能过分迷信人际关系的力量，但是在这个人情社会中，你必须要学会交朋友，并与优秀的人站在一起。有句话说“你能走多远，取决于你与谁同行”，讲的就是这个道理。

人脉点拨：交朋友是一门学问。比如，交朋友要交在平时；在人际交往中，要聚集真正有价值的朋友……这些都考验着一个人交朋友的能力，也决定着他发展关系的本事。

你和什么人在一起，决定你是什么样的人

第十章

放弃负能量的社交
——人脉杂草该除就除

诺贝尔文学奖获得者莫言说:“我远离两种人:遇到好事就伸手的人,碰到难处就躲闪的人。”这话很在理。在生活中,有些人脉杂草该除则除,完全没有靠近的价值。因为他们到处跑来跑去,身上充满了负面的东西,充满了沮丧、愤怒、忌妒、算计、仇恨,充满了傲慢与偏见、贪心不满足、抱怨、比较,充满了愚昧、无知、烦恼、报复,充满了失望……对此,你无须介意,笑着离开。人生短暂,绝对不要浪费心思和精力在这些人身上!

不能同舟共济的——形同陌路，别了

“朋友”是每天我们说得最多的一个词，是一个很宽泛的概念。见过一次面是朋友，吃过一两顿饭是朋友，甚至网上聊得甚欢从未谋面的也可以称为朋友。但是，受限于时间与精力，我们不可能和谁都成为挚友，很多时候，他们只是我们的假朋友，你只需要抱着友善的心态真诚待人即可。

看过电影《中国合伙人》的人，一定会对“朋友”二字的理解更深一层。其实，什么样的朋友才算真朋友，中国历史上的“管鲍之交”就很明白地告诉你了。

管仲和鲍叔牙是一对好朋友。两人年轻时也是一对穷哥儿们，他们一起在南阳一带做生意，赚了钱，管仲来分，可是管仲每次都给自己多分一些，给鲍叔牙的却少一点。这要放在别人身上，哥儿俩早就拜拜了。可是鲍叔牙并不在乎。每次赚了钱分红，管仲都这么干。可能是手下人实在看不下去了，就把管仲多占的事告诉了鲍叔牙。其实鲍叔牙早知道了，只是装作不知道，像他这样聪明绝顶的人物，怎么能不清楚管仲多吃多占的事情呢？但是鲍叔牙却回答：“管夷吾家里穷，而且还要赡养老母亲，他多拿一点，是情理之中的事，我不介意。”来告状的听后无语了。鲍叔牙对管仲的感情还是那么真挚，但是鲍叔牙的回答却传到了管仲的耳朵里。

后来，鲍叔牙发达了，管仲为鲍叔牙做事，但不幸的是，事情搞砸了，鲍叔牙更穷困了，管仲很内疚，但是鲍叔牙依然相信管仲很能干。管仲曾三次上前线，结果三次都当了逃兵，因为管仲家中有老母亲无人照顾，鲍叔牙并不认为管仲是胆小怯懦，逃跑是可以理解的。管仲曾经三次辅佐国君，但三次被国君罢免，鲍叔牙依然认为错不在管仲，而是错在国君不了解他的才华。总之，管仲不论有多么点儿背，鲍叔牙始终笃信他是治国良才、世间俊杰。更令人敬仰的是，鲍叔牙还千方百计地把管仲推荐给国君，并主动让贤，甘居其下，从而成就了齐国霸业和管仲美名。这样的朋友，巍然如山，令人高山仰止。

这个故事告诉我们一个道理：什么是朋友？真正的朋友不一定要刎颈相交，但一定要同舟共济。

现实生活中，为什么做了多年的朋友，友谊的小船还是说翻就翻了呢？说到底，还是不能同舟共济，是假朋友。最常见的一个情景是：两个人关系很铁，感情没的说，在一起干什么都可以，但是只要一起做生意，结果必会分道扬镳，甚至反目成仇的可能性便会陡增。在利益面前，人都可能变得眼热，如果没有发自内心的真挚情感，一块钱也能把友谊出卖了。所以说，两个人之间的友情有多深就做多大的事业。咱俩初次见面，第一次合作，感情有没有？有一点，但我们还要谈合作，就必须把感情抛到一边，就事论事。如果一上来满嘴仁义道德、哥儿们义气，那这个生意十之八九做不成。想一想，许多好朋友为什么不能同舟共济，原因多半是如此。

所以，要在朋友圈中找合作伙伴、平台，别只拷问友情，而要多拷问人。遇到一个不靠谱的人，你可以上他的船，他也可以上你的船，船满载而归还好，一旦这条船触礁搁浅，他弃船是必然的。因为你们压根儿就不可能同舟共济，根本就不是一路人，你心中的义永远也抵不过他眼中的利。如此的朋友，你发达时，他们可以拍着你肩膀做哥儿们，甚至掏心掏肺，但你落魄、不济之日，也是他们另栖高枝之时。

人脉点拨：所谓人缘好，不是在你风光的时候你有多少哥儿们，而是在你倒霉的时候，有多少人愿意和你同舟共济。

动辄就绑架友情的——不管是谁，远离

如今行走于职场，好似过去行走于江湖，没几个朋友帮衬，单打独斗很难做出大事业。故交朋友有时要有点江湖味、讲点义气。但是，江湖味太浓了，对友情也是一种糟蹋！因为不该讲哥儿们义气的时候，拿友情说事，对别人也是一种负担。

我喜欢使用微信，但没有看微信买东西的习惯。微信好友中，每天都会有人刷卖保险、卖房子，或是各种化妆品的信息。起先因为手欠，偶尔会给人点个赞、留个言，帮着拉拉人气。结果，问题跟着来了。其中有一次，给一个卖保险的朋友点了赞，还说他副业搞得不错。他很快就回复了一条，说公司对每个业务员都下了指标，这个月怕完不成任务，你一定要帮朋友这个忙。这个也能帮忙？于是，我回了他一个大问号，见我没有直接拒绝，他干脆直接来了电话。我没好意思解释什么，只是说现在不需要，况且也没有考虑过，他在职场这么多年，应该知道什么是委婉拒绝，却假装听不懂，只管向我推销：一个月交多少，多少年后取多少，比存银行多赚多少……我实在不需要，碍于面子，没说出那个“不”字。过

了几天，他又来电话，还催我："什么时候下单啊？"我什么时候说要买了?！遇到如此的朋友，拒绝就应果断、不留余地。结果真如我预想的一样，见买卖不成，他便拉下脸说："你不买就早说啊，害得我耽误了这么长时间，再说，朋友一场，就是帮帮朋友怎么了？"我实在无言以对，只想送他两个字：滚蛋。

其实碰到类似这样的事不止一次。每次，当你碍于面子，碍于友情，越是狠不下心，越是说不出那个"不"字，对方越是把友情绑得更紧。所以，在朋友圈中我再也不贱兮兮地去给人点赞了：既然你觉得好，那给个不买的理由，我承认脑子不好使，为什么要给自己出难题？

我不反感别人在微信平台搞推销，你干任何工作都值得尊重、需要理解，但是当你硬生生地把友情当买卖，把绑架友情当傍大款，只会让人敬而远之。

友情，作为人与人之间最珍贵的情感，为什么有时显得一文不值，有时又那么容易破裂？就是因为它捆绑、承载的东西太多，当它不堪重负时，崩塌是必然的。不可否认，在这个世界上，目光短浅的人，会用一些利益砝码来表征友情的深浅，用"得到"来衡量友情的质量。如，咱俩有一点交情，今天我花 10 块请你吃一碗麻辣烫，你可能会觉得咱们的友情就值 10 块，因为我愿意花 20 块请另一个人去吃一碗牛肉面。所以，当我向你借 30 块钱的时候，你可能会说，兜里只有 10 块，借，拿去，不借，是感情没到那份上。如果感情到了那份上又怎么样呢？你今天借我 30 块，我回头做你 300 块的买卖！做生意就是做人情嘛，如果我得不到预期的结果，一定是你不把我当朋友。

想一想，在现实生活中，朋友、亲戚反目，几乎无一不是因为这种感情与利益博弈的结果：因为是朋友，因为老交情，因为关系好，你就应该如何如何，如果不如何如何，那就是不够意思、不够朋友、不给面子。这种赤裸裸的友情绑架无异于道德敲诈，会一次次突破人的心理底线，总有一天，当这种绑架不再好使的时候，你们之间的友情就会破裂。

做人，任何时候都不要用友情去绑架朋友。当然遇到这样的朋友，也要保持距离，否则，他们会像榨汁机一样榨干你身上的一切。哪一天，你的价值消失了，那么友谊也就走到了尽头。

人脉点拨： 友情的最高境界，从来不是我想让别人变成我的人脉，在利用的世界里，成为我成长的垫脚石；而是别人愿意成为我的人脉，让我在成长的路上，顶着他的光芒前行。

道不同不相为谋的——好聚好散

每个人的性格、喜恶、观念等都不尽相同，大凡是交心的朋友，一定是话能说到一块儿、事能做到一起的人，而不是在一起为避免尴尬没话找话的“呵呵”之友。正如古语所言：“道不同，不相为谋。”话虽短，但字字都是精髓，都是先哲智慧的结晶。两个人之所以能成为至交、知己，超越一般意义上的朋友，关键在于他们的“道”是相同的或是相通的。

这就像两口子过日子，日子过得红红火火、踏踏实实，感情和睦，多半是因为夫妻间有更多共同的语言、有共同的追求。否则，如果总是过不到一块儿，感情就容易出现问题，其背后往往是因二人观念、价值取向不同所致。有个美女明星在圈内很红，年龄挺大还未出嫁，追求者甚多，粉丝们都八卦这个男星适合、那个网红般配，结果，她嫁了一个富商。婚后生活幸福美满，人们看到的是满满的幸福。后来，有一段时间她淡出了人们的视线，进军商界；再后来，她又回归荧屏，重操旧业；再后来，她又嫁人了。她说，这回终于找到了真爱。原来的，不是真爱吗？如果认为，找个金龟婿就是幸福、真爱，那世上如此多的不太富有的年轻人岂不是这一辈子都找不到幸福了呢？

做朋友、做人脉，甚至做生意也是这个道理。和你合不来的人，未必和他人合不来。合不来，关键是道不同，志同道合的人很容易聚合在一起。一杯茶、一顿饭、一本书……都可能是沟通双方心理的一座桥。有个卖摄影器材的老板想高薪招个助理，招聘广告打出去，简历如雪片般飞来，人事经理优中选优，最终整理出 10 个人的简历给老板看，老板看后直摇头。人事经理问为什么，老板说：没经验的不要；一年换两份工作的不要；跨行业的不要；简历花里胡哨的不要。人事经理按老板的要求重新招人，最终选了三位应聘者前来面试。第一位，谈了两分钟，第二位谈了五分钟，第三位谈了一个小时，还意犹未尽。结果第三位应聘成功。原来，前两位面试者做完自我介绍，不是开始大谈特谈自己过往的成功经验、搞过什么项目，就是说自己做过什么工程，老板建议他们去找份营销工作。第三位面试者，很低调务实，且对摄影很有研究，对行业也有自己独特的看法，对这份工作有更深的认识。老板和他聊行业、聊技术、聊市场……最后老板说：“你是我要找的人。”

真是“酒逢知己千杯少，话不投机半句多”。不管是找下属，还是找朋友，如果双方话都说不到一起，或者说不能进行深度沟通，见了面只是例行应酬，那么双方之间的友情也很难有深度，更不可能会有深度的合作。

比如，很多人在人前是朋友，人后就是陌生人。见了面，除了“吃了吗”“最近忙吗”，要不就是礼貌性地“呵呵”，不会就某一话题展开交流，更不会有某些方面的探讨。简单来说，是感情不深，往深了说，是道不同。道不同，走的路子不一样，形同两个世界的人，你说的白是什么白，他不懂，他说的黑是什么黑，你犯晕，自然双方就没有继续深入沟通的必要。所以，大家只做面子上的朋友就够了，在许多事情上，你不需要他认同你的观点，你也无须接受他的意见，如此点头之交，也就谈不上深度共事，更不可能做个知己朋友了。

人脉点拨：志趣不同的人，各自追求的价值观不一样，像两条永不相交的直线，自然不会交集在一起，只有志趣相同的人才有可能相聚相交，成为朋友，甚至知己。

说话满嘴跑火车的——一笑而过

每个人身边都有几个爱吹牛皮的人，吹牛的时候浑身都是本事，存在感很强，没牛可吹时浑身都是自卑与不自在。当然，吹牛不全是坏事，有些牛吹出来是本事，但是，在你没长本事前，吹牛就是满嘴跑火车。

比如某富豪说“先定个小目标，赚一个亿”。没听错，一个亿，还是小目标！这话要是通过你的嘴讲出来，就是天大的牛皮，无人会信。马云在成名之前，到处游说人们给他投钱，说要在互联网行业干一番大事业，人们都说他吹牛皮，还有人说他是骗子，现在看，当初的“牛皮”连个“小目标”都算不上。所以说，当一个人说大话时，不一定都是在吹牛，你要看他有没有足够的资本，是不是在努力。

如果你本身不努力，靠一张嘴到处忽悠，空话、套话、漂亮话满天飞，自然没人会把你当回事。有次和几个老同学吃饭，席间，有个家伙三杯过后便吹起牛来，他说老板很有钱，劳斯莱斯坏了，根本就不修，直接扔到马路边。有个不长眼的，便追问：“扔哪儿了？我去捡。”他这一问，对方还得往下编，怕弄的场面不好看，有人赶紧举杯劝酒；这杯刚下肚，又一个说：“今年公司效益不好，老板快发不出工资了，正在卖房子，40多套呢。”看来，这是铆足了劲儿要吹牛皮，把对方比下去。老板发给你薪水，难不成还雇用你们出来吹牛皮？

其实，爱吹牛的人，通常都是自卑在作祟。因为想让人瞧得起，为了有面子，就要在不知情者面前虚夸一下，以找到存在感和被尊重感。但是，你是不是在吹，别人是能感受得到的。尤其是朋友间，偶尔吹点小牛，也不是什么坏事，不会对别人造成伤害，但是不讲场合、不看对象地满嘴跑火车，其实是变相地拉低了自己，对别人也是一种不屑。

所以，对喜欢吹牛的人，尤其是见了这个是“朋友”，见了那个也是“朋友”的，却从来不把别人当朋友，只当吹牛对象的人，一定不要把他当作真朋友。

首先，满嘴跑火车的人，其言可笑。吹牛被人识破是一件很丢面子的事，但是爱吹牛的人几乎时时、处处都要冒这样的风险，对他们来说，与其说是风险，不如说是刺激。他们自吹自擂的时候，觉得很有面子，其实，在别人心中却成了笑柄。所以，他们吹牛的时候，就当是在讲笑话，不必较真。

其次，满嘴跑火车的人，其心可疑。既然是在吹，那一定没有多少可信度。俗话说，君子无戏言。当一个人在你面前吹来吹去，你会不会觉得这个人很没劲儿？是不是缺少诚信？不管是一般同事，还是做朋友，该讲的真话还是要讲，如果这个朋友谎话连篇，见人说人话，见鬼说鬼话，牛皮满天飞，那请你尽早远离，因为他的心术不正。

再次，满嘴跑火车的人，其人可假。出于场合需要，有时做人可以装一点、假一点，但是在日常生活中，朋友交往也习惯说大话，对谁都难有一句真言，云里雾里的，那么这个人的人品就值得怀疑。

人脉点拨：哲学家维特根斯坦说："我贴在地面步行，不在云端跳舞。"在生活中，脚踏实地，能使自己的路走得更沉稳、更顺畅、更坚实。或交朋友，或找共事对象、合作伙伴，定要找踏实、沉稳之人，绕开大忽悠与虚伪之人。

没事整天发牢骚的——不好意思，屏蔽

在生活中，我们的身边充满了各种各样的牢骚：抱怨家人不体谅自己，抱怨孩子不懂事，抱怨付出多、薪水低，抱怨上级不公平，抱怨公司制度不合理，抱怨人生不如意……有的抱怨是我们说给别人听的，有的抱怨是别人说给我们听的。但是，几乎没有人抱

怨过自己：我为什么会有这么多的抱怨呢?

抱怨就像思维的一剂慢性毒药。在我们的大脑中毒的同时，我们的人生态度、行动被抱怨这种强烈的毒性感染。如果你整日生活在各种抱怨中，你感受到的永远是负能量，你的意志会不断被消磨。

如有人先天是乐观向上的，当身边出现越来越多负能量的人时，你会发现他很快就会显示出一副疲惫的状态。那是因为情绪最容易感染人，当人总是处在这样的氛围中时，心情自然容易变得抑郁起来。

小赵和小朱认识有 10 年了。上学那会儿，小朱还挺乐观，毕竟学生时代没有那么多烦恼。毕业后，小朱经历了各种不如意，天天找小赵抱怨，没钱要抱怨，没有女朋友要抱怨，家里条件不好要抱怨，看见别人过得幸福还要抱怨……小赵曾经安慰过他，越是安慰，他的牢骚越多。其实，小朱的家庭和许多人的家庭一样，别人过得都很踏实、开心，他为什么就过得那么苦呢?

渐渐地，小赵也开始烦他，只要是他一打来电话，准没有好事，经常把自己的心情搞得很差。所以，他也开始犹豫要不要交这个朋友。

不管是积极的，还是负面的情绪都是会传染的，与满身负能量的朋友在一起，自己的天空也会多出几片阴云。

一段好的关系、好的感情，不应该是彼此消耗、彼此灌输负能量，而是两个人都自带光芒，相遇迸发出更亮的火光。两个内心自带光源的人在一起，才能一起照亮更远的未来。所以，不要在总是内耗的人身上浪费时间。

那些总是沉浸在负能量里的人不看好自己、不看好自己在做的事。总是觉得一件事没有希望，又怎么可能做成它?更可怕的是，这种人还会把悲观消极的情绪传染给身边的人。跟这种人共事，你会觉得前途渺茫。你很努力地鼓励他，换来的只有唉声叹气、抱怨不休。大家都那么忙，谁也没有伟大到要拯救谁脱离苦海。

正如霍金所说：“如果你患有残疾，这也许不是你的错，但抱怨社会或指望他人怜悯，毫无益处。一个人，要有积极的态度，要最大限度地利用现状。”我们无法选择自己的生活，但能选择生活的朋友。“近朱者赤，近墨者黑”，跟随蝴蝶走下去的人，看到的是芬芳的鲜花；而跟着苍蝇走下去的人，只能到达肮脏的沟渠。所以，面对经常牢骚满腹的人，你能做的只有远离，同时千万别做那个给别人传递负能量的人。

人脉点拨：远离抱怨的世界，你会看到曾经忽视的风景，家人、朋友、社会，原来一切都是美好的，只因自己被抱怨的迷雾遮住了双眼。

闲时爱论人长短的——烦请见谅，无视

什么样的人最不受朋友、同事待见？尤属搬弄是非者。其实，多数街谈巷议往往无伤大雅。有些人甚至认为，这与闲来无事时嗑瓜子一样简单而有趣。然而，添油加醋、颠倒黑白的闲话却像瓜子中的“臭子儿”，不小心吃到一粒，咽也不是吐也不是，十足坏了兴致。

有时，朋友之间说闲话也是一种交往方式。谁人背后无人说，谁人背后不说人？飞短流长古今中外都是如此，这也说明了闲话的存在有其必然性。闲话本身也是人类进化过程中信息得以传播的一种方式，日常生活中的闲话可以推动我们社会化的进程，使我们逐渐被社会的风尚、习俗、道德标准浸染和影响，成为一个被社会接

纳的成员。对普通人来说，闲话能满足我们被关注的心理需要，以及满足获取友谊、满足亲密交往的需要。“嚼舌根”让我们有机会分享第三者的秘密，因为对他人生活秘密的好奇是人的天性。一个掌握众多“猛料”的人往往能吸引很多的听众，成为众人关注的焦点。同时，在说者与听者分享别人的秘密时，两者的关系得以促进、友谊得以增长。

但是有一种闲话不但说不得，也听不得，听多了无益。尤其对于那些专门揭他人之短、传他人之私的“长舌妇”或“大嘴巴”而言，搬弄是非往往是他们心存隐疾的表现。从精神分析理论来看，乱嚼舌根儿与谩骂他人的心理基础类似，是一种“杀人不见血”的攻击行为。嚼舌者常常有意无意地披上冠冕堂皇的外衣，常常会借口“给你提个醒儿”，告诉你某某曾说过你的坏话，某某心术不正。他们很难设身处地地为别人着想，不能对受伤害者产生同情，却往往以他人的痛苦和不幸为乐，借此衬托自己的才能和道德上的优越感。

对于这种大嘴巴好事者，一定要远离。因为他们的话语中，带着攻击性，你听他们说，就等于间接满足了他们的攻击欲望。

从另外一个角度也可以看出，大嘴巴的人不受欢迎、缺少朋友。毕竟背后说坏话者很难找到真正的朋友。友谊发展中的秘密分享，既包括前期与别人分享第三者的秘密，也包括更进一步暴露自己的秘密。然而，那些爱嚼舌根者不愿意公开自己的秘密，所以即使获得友谊，也是浅层次的。不仅如此，许多人听完天花乱坠的闲话后，会生怕自己也成为此人咀嚼的“猛料”，从而对其退避三舍。

其实，要消除这种人际毒瘤，最好的方法就是被说者不生气，听说者不凑上去听。苏格拉底在得知有人在背后中伤他后说：“他就是想让我生气，我偏不生气。”这样一来，借由中伤他人达到自己龌龊目的的人就失算了，相当于搬石头砸自己的脚。当然，这种人如果没有听众来强化他们的行为，自然也失去了搬弄是非的劲头。

人脉点拨： 如果有人缠着你，想让你分享其在背后攻击别人的快感，你一定要学会远离，否则，你可能被这个操纵欲强且心术不正的人利用，进而给自己的名声、生活、事业带来诸多干扰。

做事情自以为是的——谨慎以对

严格说来，每个人都是自以为是的，总是用自己的想法去揣测别人，去拼凑对方的样子，以为这就是理解，或者是了解。但是反过来，我们却经常认为别人不理解、不了解自己。所以，总认为自己就是世上最聪明的那个人。

人可以自以为是，但是一定要有限度，而且还要看场合。如果一个人总是高高在上，总是试图去按自己的意愿“改造”别人，那么他的处境就很危险了。

有一位图书情报专业毕业的硕士研究生，被分到一家研究所，从事标准化文献的分类编目工作。他认为自己是研究这个专业的，理应比所里原班人马懂得多。刚到研究所不久，领导对他摆出一副“请提意见”的低调姿态，想听他谈谈对工作的看法。他不明事理，上来就讲了一大堆，大意是：单位工作作风不够给力，工作理念老套，言外之意，你这个领导是怎么当的？领导拍手称好，并问如何改进，他又是一顿说教，自我感觉良好。

在平时的工作中，他对前辈也开始指手画脚，“错了，错了，这个应该这样”，“哎呀，怎么能这样弄”……领导有些看不下去，半年之后不再安排他重要的工作。他自感无趣，只好卷铺盖走人。临走时，领导拍着他的肩膀说：“太可惜了，我真不想让你走，我还准备培养你做我的接班人呢。”他何尝不想留下来，就像一首歌唱的那样“其实不想走，其实我想留……”

这位高才生的敬业精神没的说，可惜涉世经验太少，个性太强，结果混丢了工作不说，还混得没人缘。

的确，自以为是的人很难与别人相处，大多缺少朋友，主要是因为他们不会站在别人的角度看问题，总认为“老子天下第一”。人，都是有思想的，而且，人可以把自己的思想表达出来。有思想就会有差别，每个人的能力也就不一样，于是对一件事就会有不同的想法。有正方就有反方，或者是中间地带，也就是所谓的理智和客观。世界并不是非黑即白，还有灰色地带。那么当你认为是白，而别人理解的不是黑，也不是灰，别人说那是灰白，你是不是要把别人教育一顿，或者讽刺别人一顿？

与自以为是的人相处时间久了，你也会慢慢地被同化，没准儿最终也会变得自以为是，失去对当前是是非非的判断。当然，还难免会与其产生各种磕碰，磕碰是小事，关键是他不会理解你，也不想理解你——他从不顾及别人的感受，一切以自我为中心，认为世界都围着他转。更可怕的是，不论你为他怎么付出，他都会觉得是理所应当，而且有特强的控制欲。所以，交这样的朋友是一件很蹩脚的事。如果身边有这样的人脉杂草，那就赶紧拔掉吧。

人脉点拨：可以与自以为是的人产生交集，但不宜深交，如果讨厌他，也不要表现得太明显，须保持应有的尊重，不然，别人也可能会讨厌你。

一股脑儿透支人情的——适可而止

一位朋友赚了一大笔钱，整天琢磨着换一辆很拉风的车，手上的车标价 12 万元转让。有一天他的一个哥儿们说："看在咱们这么多年交情的面上，把你的车 10 万块转给我吧。" 10 万？！10 万就 10 万，这么多年的哥儿们，再还价没意思。不巧朋友开玩笑似的说："首付 5 万元，其余一年付清。"

"没问题！"

"过户费你要负担，车险你要送我……"

什么叫人心没尽？这就叫人心没尽，这是将友情往死胡同里逼。

车卖谁都是卖，卖给朋友，还可以做个顺水人情。再者，朋友一场，我多牺牲一点、付出一点，也不是不可以接受，问题是，你要考虑我的代价啊！

老实人常讲："好朋友要不分你我，帮朋友就要帮到底。"不要这么天真！人际交往有一个重要准则：保持平衡。即使是真朋友、真性情，好到同穿一条裤子的时候，也要谨慎，特别是涉及钱财的时候。人与人交往，不论在友情方面，还是在财富方面，如果太过透支，必会伤害到另一方。一些人想不通其中的道理：付出时一味付出，不计回报；索取时也不客气，有什么错？这也是此类人被人诟病的一个重要原因。

一味索取固然不妥，但付出时也要适可而止。老实人都把面子看得很重，碍于面子，经常让付出成为一种负担。朋友结婚，别人随 2000 元礼金，硬着头皮也要跟 2000 元；别人 5000 元，即使超出自己承受范围，也要捍卫所谓的颜面。老实人总是抹不开面子。

要知道，人们不会因为你的透支而给予你额外的赞美，反倒会觉得你这个人很虚伪。在财力、精力或能力有限的情况下，你要学会选择性的付出，不是说每个朋友、每件事我都要照顾到，也不是每个要求都要满足。今天我与你应酬，明天我和他应酬，今天参加这个活动，明天出席那个庆典。所有人都要照顾到，办不到！玩得起咱玩，玩不起，不好意思，有机会再说，切不可打肿脸装胖子，把自己搞得人不人鬼不鬼，何苦呢？

我不与你应酬，我会告诉你，因为我有更重要的事要办，我负担家庭的责任，负担公司的责任，希望你理解。不能说你是个人物，就让我牺牲整个家庭，牺牲我的事业。如果你理解，咱们还有应酬机会，如果不理解，那请便。

在不能兼顾的时候，一定要学会选择、学会放弃，要不会把你累死，且容易里外得罪人。

人脉点拨：人与人交往，不要太过偏离等价交换原则。过度付出，对自己是一种消耗，对他人也是一种负担。

睚眦必报气量小的——恕不得罪

现实生活中，小气量、睚眦必报的朋友要少处。没有矛盾还好，一旦有了矛盾，你不但会失去一位朋友，还可能增加一个敌人。所以，平时要多观察、考验，与睚眦必报的人一定要保持距离。

战国时有个名叫中山的小国。有一次，中山国君设宴款待国内的名士。不巧做的羊肉羹有些少，不能让在场的人每人分得一碗。其中有一个叫司马子期的人就没有喝到羊肉羹，气得不得了。为了报复，他就劝楚王攻打中山国。楚王欣然同意，由于楚国兵强马壮，中山国很快被拿下，国王逃到了国外。在逃跑时，有两个人拿戈跟着他，他便问道："你们来干什么？"对方说："以前，有一个人曾因获得您赐予的一壶食物而免于饿死，我们是他的儿子。父亲临死前嘱咐我们，中山有任何事变，都必须竭尽全力，甚至不惜以死报效国王。"国王听后，感叹地说："怨不期深浅，其于伤心。吾以一杯羊肉羹而失国矣。"

中山国君因为一杯羊肉羹而亡国，却由于一壶食物而得到两位勇士，实属不幸之中的万幸。这段话道出人际关系的微妙：一个人如果失去了少许金钱，尚不至于发此大怒，而一旦自尊心受到损害必心生嫉恨。如果得罪的这个人正巧又是一个睚眦必报的人，那他必会变本加厉地还以颜色。

别说你不怕他们对你的攻击，看看历史的血的教训吧，有几个忠臣抵挡得过奸臣的陷害？所以古人对小人十分警惕，要不怎么有"宁可终岁不读书，不可一日近小人"之说。"终岁不读书"可能夸张一些，但是"不可一日近小人"的确是至理名言。你躲还怕躲不过来，怎么敢接近他呢？不主动接近小人，小人还想方设法接近你呢，跟你套近乎，给你灌迷魂汤，一旦得逞，那你可是上贼船易、下贼船难。其能量由此可见一斑。

说了半天，睚眦必报的人到底是什么样的人，怎么辨认？当然，对方脸上也没有写着字，又不能当面去问。不过，古今一些智者已经指出了这类人的几大特征：心胸狭小、疑心较重、争强好胜、喜好算计。

故宁得罪君子，也不可与此类人共事。得罪君子，君子可能会一笑一怒而过，因为君子有气度，有容人之量，不会做那些龌龊的行为。与睚眦必报的人交往，会面临很大的风险。首先有损你的名声，与什么样的人在一起，你会被认为是什么样的人，与一个名声不怎么好的人走得太近，自然会给人留下足够的“想象空间”。其次，有被算计的风险。睚眦必报的人爱计较、爱狐疑，其争强好胜的性格，不容你在某些方面强过他，一旦你强于他，很可能会激起其嫉妒心。所以，你要想变得优秀，就要和优秀的人在一起。再次，不经意间可能会得罪对方。睚眦必报的人报复欲极强，你不经意的一句话，如果伤害了他，他可能会记恨你一辈子，即使你怎么表示歉意，也打不开他的心结。

当然，我们也不必用仇视的心态去对待这类人，跟他们划清界限即可。最好的方法，就是面子上和，要看破不要点破，再就是要少有经济往来，在生活与工作中都保持安全距离。毕竟，人性是亘古长存的，要学会和他们保持一种生态上的平衡。正因为有了他们的存在，才能彰显你这正人君子的价值与风范。

人脉点拨：对睚眦必报的人要勤打招呼、少说话；不主动来往，但不拒绝来往；不深交，但不绝交；可以给予好处，但不能占小人便宜。再就是不要浪费时间和精力在他身上，不值。

有一颗玻璃心的朋友——少深交

为什么“玻璃心”如此让人难以忍受？下面这个例子给出了完美的诠释。

有一位年轻人，有一次去参加一个活动。晚上，大家在一个烧烤摊上吃羊肉串。边吃边聊时，有一个人好心对他说：“我正好开了车，一会儿顺路带你回去。”就因为这一句话，他不干了：“就你有车啊，有车就牛啊！不就搞个小聚会，你开车来显摆，有意思吗？”

对方感到很委屈，看他气势汹汹的样子，也不想和他纠缠。

什么是玻璃心？这就是玻璃心！对于没车的“玻璃心”来说，你打的都可能被认为是炫富。许多时候，不是你太高调，而是对方太玻璃心。

生活中，有些人对周围的事物就是这么高度敏感。他们总是会说“希望别人过得好”，但心里却不希望别人比自己过得好。你一旦混得好、比他有层次，他的玻璃心就开始作祟，不是找你的小毛病，就是吐槽，越是把你贬得像个屎壳郎，越是能得到些许的心理慰藉：不是你比我出色，是你沾了别人的光，走了歪门邪道。

有一个年轻人，一年至少跳五次槽，其中至少有四次是被辞退的，但是她从来不从自己身上找原因。每到一个新公司，刚与新同事混熟，就开始责骂以前的同事如何对不住她、以前的领导如何难为她，人们都对她敬而远之。平时，她看不惯同事背漂亮的包包、开中高档的汽车，甚至连老板表扬某个员工她都要撇撇嘴。总之，她看不到周边事物的美好，也看不得别人比自己过得更好。

可惜，她认识不到自身的问题，把自己在职场遭遇的种种不如意归咎于自己太真诚、太善良。可不，你把玻璃心都画在脸上了，谁还愿意与你这样的人相处？

大多数人多少都会有点玻璃心，但是太玻璃心的人，不仅自己会累，还会让身边的人感觉到累。朋友新买的车发了条朋友圈，你觉得他是在炫富；找到了女朋友跟你分享，你觉得是在秀恩爱；朋友和别人去旅游，你觉得是抛弃了你……其实只有一种解释，是因为你什么都没有，所以才觉得朋友做什么都触碰到了你那颗敏感的玻璃心。

做人不要太玻璃心，不要别人有一条信息没回你就觉得自己做错了什么，不要别人一生气就觉得是讨厌你了，不要什么事都自己对号入座，怕这个怕那个活得小心翼翼，不累吗？

交朋友也不要交太玻璃心的。因为朋友玻璃心，他永远都觉得是你给他脸色，说话刺激他，让他委屈。

很多人际关系破裂的原因大概都是太过玻璃心的缘故，不管是亲情、友情、爱情都是如此。太过玻璃心，别人的一次忽略、一次恼怒之下的抱怨、一次没有尊重你的意愿，都成了玻璃心的导火索。所以说，太过玻璃心的人最后伤害的不仅仅是自己，还有自己最亲最近的人。

人脉点拨：如果你想免于无辜的伤害，那么请尽可能少与太玻璃心的人深交，毕竟你不是他妈，也不是他爸，不可能处处小心翼翼地哄着他，更没有义务时时把他捧在手心里。否则，他那颗易碎的玻璃心，迟早会给你带来伤害。